책장을 넘지다,
예술을 읽다

저 자 소 개

심 보 선

시인, 사회학자. 서울대학교 사회학과와 같은 과 대학원을 졸업하고 미국 컬럼비아대학교에서 사회학 박사학위를 받았다. 1994년 조선일보 신춘문예에 '풍경'이 당선되어 문단에 나왔다. 15년 만에 첫 시집『슬픔이 없는 십오 초』(2008)를 출간, 시를 사랑하는 독자들에게 큰 화제가 되었다. 이후 출간된 시집들『눈 앞에 없는 사람』(2011),『오늘은 잘 모르겠어』(2017)도 독자들의 큰 사랑을 받았다. 전공인 예술사회학분야의 연구 또한 활발하게 진행하고 있다. 연세대학교 커뮤니케이션대학원의 문화매개전공 교수로 학생들을 가르치고 있으며,《인문예술잡지 F》의 편집동인으로 활동했다. 예술비평집『그을린 예술』(2013), 산문집『그쪽의 풍경은 환한가』(2019) 등을 썼고, 어빙 고프먼의『수용소』를 우리말로 옮겼다.

이 상 길

문화연구자. 연세대학교 신문방송학과와 같은 과 대학원을 졸업하고 파리5대학교에서 사회학 박사학위를 받았으며, 파리1대학교에서 철학과 DEA를 수료했다. 현재 연세대학교 커뮤니케이션대학원의 미디어문화연구 전공 교수로 재직하고 있다.《인문예술잡지 F》를 이끌면서 여러 분야의 학자들과 활발하게 교류했고, 사회이론 및 미디어 문화와 관련된 다양한 연구를 진행 중이다.『아틀라스의 발-포스트식민 상황에서 부르디외 읽기』(2018),『상징권력과 문화-부르디외의 이론과 비평』(2020) 등의 저서를 출간했으며, 찰스 테일러의『근대의 사회적 상상』, 피에르 부르디외의『성찰적 사회학으로의 초대』, 미셸 푸코의『헤테로토피아』, 디디에 에리봉의『랭스로 되돌아가다』등을 우리말로 옮겼다.

책장을 번지다,
예술을 읽다

심보선·이상길

이음

차 례

여 는 글

예술과 사회의 관계를 공부해온 우리에게 예술에 관한 책들을 읽는 것은 당연한 업에 속한다. 솔직히 말하면 의무적으로 책을 읽어야 할 때가 많다. 남들이 다 읽는 책, 안 읽으면 안 될 것 같은 책, 그러나 남는 것이 딱히 없는 책들을 읽다 보면, 업이란 것이 원래 그렇지, 스스로를 위안하며 페이지를 넘겨야할 때가 왕왕 있다.

그러다 간혹 보석 같은 책들을, 그 안에 담긴 문장과 주장들이 뇌 속에 찌릿찌릿 전기폭풍을 일으키는 책들을 만날 때가 있다. 아, 맞아. 예술의 본질이 바로 이것이지! 아, 그렇군. 예술에 대해 이런 식으로 생각해 본 적이 없었네! 하지만 이런 생각들은 책을 읽는 순간에 머물 때가 많아서 그 흥분과 전율이 그리 오래 지속되지 않는다.

운 좋게도 우리에겐 그처럼 스쳐 지나기 일쑤인 혼자의 생각들을 나누고 함께 붙잡아둘 수 있는 동료들이 있었다.《인문예술잡지

F》의 편집위원들 ─ 김수환, 심보선, 유운성, 이두갑, 이상길, 조효원, 주일우 ─ 은 서로 만나면 자연스럽게 책을 권하고 논했다. 책을 매개로 예술과 삶에 대한 이야기들이 숱한 갈래를 치며 뻗어나갔다. 때로는 모임에서 나눈 대화가 각자의 글들에 반영될 때도 있었다.

우리는 더욱 운이 좋았다. 지인들과의 대화 안에서 맴돌던 예술과 책 이야기를 더 많은 이들과 나눌 수 있는 지면을 확보했기 때문이다. 우리는《기획회의》와《출판문화》두 잡지에 2년여간 예술을 다룬 책들을 소개하는 서평을 연재했고, 그 글들을 모아 서평집을 출간하기에 이르렀다.

우리가 다룬 책들은 예술에 대한 이런저런 질문들을 던진다. 예술이란 무엇인가? 예술의 쓸모는 무엇인가? 예술은 왜 그리도 특별한가? 누가 예술을 소유하고 향유하는가? 예술은 사람살이에 어떤 영향을 미치는가? 이 질문들을 던지는 책의 저자들은 일종의 이중 결박 상태에 놓여 있다. 예술의 마법에 가장 강력하게 사로잡힌 동시에 그 마법의 비밀을 밝히려는 지난한 지적 모험을 감행하는 사람이 바로 그들이다.

선정한 책들의 저자들은 예술에 대한 해박한 지식을 펼치는 데 그치지 않는다. 그들은 예술을 향해 열렬하고도 신랄한 비평을 가한다. 의도한 것은 아니지만 우리는 예술과 사회의 관계에 대한 다양하고도 상반된 입장의 책들을 선정했다. 이들은 모차르트, 마네, 마그리트, 반 고흐 등 우리가 알고 있는 천재들의 삶과 작업을 탐구하며 그들이 수행한 감성혁명의 사회적 의미를 풀이한다. 어떤 이들은 예술이 누구나 누려 마땅한 공공의 자원이며 사회의 진보를 이끌 수 있다고 주장한다. 어떤 이들은 우리의 시선이 간과해온 예술의 역사적 발생과 그 변화를 추적한다.

학술적으로 본다면 미학, 사회학, 인류학, 교육학 등 거의 모든 인문사회과학을 망라했고, 미셸 푸코, 노르베르트 엘리아스, 에드워드 사이드, 요한 하위징아, 하워드 베커 등 각 분야 거장들의 주요 저술들이 포함됐다. 당연히 우리가 다루지 못한 고전적이고 현대적인 예술론은 너무나 많다. 그러나 오래된 신화와 고정관념에서 벗어난 시각을 원하는 독자들에게 우리가 선정한 예술론이 만족스러운 깊이와 너비를 제공해줄 수 있으리라 기대한다.

우리는 책들을 소개하는 데 그치지 않고 동시대의 예술과 사회적 상황에 비추어 선정된 책들을 독해하고자 했다. 또한 우리는 특정한 기준을 가지고 책을 고르지 않았다. 각자의 취향과 입장을 따랐기에 좋게 말하면 자유로움이, 나쁘게 말하면 방만함이 이 책을 구성하는 주요 색채라 할 수 있다.

아쉬움이 있다면, 선정된 모든 책이 해외의, 그것도 대체로 서구의 저술이라는 점이다. 이러한 편향은 서구의 논의들을 참조함으로써 자신의 주장의 근거와 정당성을 구축해야 하는 '한국인 예술사회학자'의 근본적인 — 개인적인, 집합적인 — 한계를 반영한다. 책을 고르고 글을 쓰는 동안, 임화의 '이식문학론'과 김수영의 '거대한 뿌리'가 떠올랐다. 서구로부터 이식된 예술이 한국의 전통이라는 뿌리와 만나 전개하는 예술적 형식과 실천과 제도에 대한 논의는 서평이라는 형식으로 풀어내기 힘들다. 하지만 서평자의 마음은 책을 향하면서도 자연스럽게 책 너머의 세상을 향한다. 책의 세계에 빠져들던 우리는 고개를 들어 질문을 던진다. '그건 그렇고 한국은?',

'그렇다면 한국은?' 다음에 이어질 작업은 바로 그러한 질문들에 대한 답변이 될 것이다. 그것이 언제일지 당장 알 수는 없지만 말이다.

2021년 새해 첫날
심보선·이상길

일러두기

단행본 도서는 『 』, 논문 또는 기사글은 「 」, 잡지나 신문 등 정기간행물은《 》로, 강연, 미술작품, 음악작품, 심포지엄이나 모임의 이름은〈 〉로 구분하여 표기했다.

본문 중에 언급된 도서가 국내에 번역 소개되어 한국어 제목을 갖고 있는 경우에는 한국어 제목만 기재했고, 그렇지 않은 경우에는 원어를 병기했다.

예술

무엇이든
예술이 될 수 있다?

『미술관에 가면 머리가 하얘지는
사람들을 위한 동시대 미술 안내서』

그레이슨 페리 지음, 정지인 옮김
원더박스, 2019

흔히 '컨템퍼러리'라고 그대로 음차해 쓰기도 하는, 동시대 미술contemporary art이란 과연 무엇일까? 그것은 모더니즘 이후 이어지는 예술의 연대기적 발전 단계에 붙여진 이름일까, 어떤 이들이 암울하게 경고하듯, 예술의 종말을 알리는 징후일까, 아니면 그저 일종의 새로운 장르일 뿐일까?『미술관에 가면 머리가 하얘지는 사람들을 위한 동시대 미술 안내서』(이하『미술 안내서』로 표기)는 문외한들에게는 막연하고 혼란스럽게만 다가오는 동시대 미술에 대한 매력적인 길잡이다. 사실 '인기에 영합하기'라는 뜻의 관용구에서 따온 짤막한 원제(Playing to the gallery)는 '놀기'와 '갤러리'라는 단어들의 조합을 통해 좀 더 경쾌하고 재치있는 인상을 주는데, 이 책의 큰 미덕 가운데 하나는 본문에서도 시종일관 그 느낌을 끌고 나간다는 점이다. 『미술 안내서』는 결코 잘난 척하지 않으면서도 우리에게 동시대 미술의 풍경을 생생하게 보여주는, 친절하고 발랄한 여행가이드 같은 책이다.

저자인 영국 예술가 그레이슨 페리는 이 책에서 "사람들이 미술관에 갈 때 떠올릴 만한 기본적인 질문들, 그러나 그런 걸 묻는다면 너무 무지해 보일까 봐 대개는 못 묻고 넘어가는 질문들"을 몇 가지 내놓고는 자기 나름대로 대답을 구한다. 그에 따라 『미술 안내서』는 크게 다음과 같은 주제들을 다룬다. 무엇이 예술로 정의될 수 있을까? 예술의 질은 무엇이며, 우리는 그것을 어떻게 평가할 수 있을까? 예술은 아직도 우리에게 충격을 줄 수 있을까? 예술가의 삶이란 무엇일까? 이 질문들은 그 자체로 중요하지만, 특히 흥미로운 부분은 페리의 접근 방식이다. 그것은 추상적이기보다는 경험적이고 철학적이기보다는 사회학적인데, 이는 그가 현역 미술작가로서 최고의 경력을 쌓아온 — 페리는 터너상과 대영제국훈장을 받은 왕립예술원 회원이다 — 자신의 삶을 주된 분석 재료로 삼기 때문이다. 요즘 유행하는 용어를 빌려오자면, 이 책은 일종의 '자기기술지autoethnography'인 셈이다.

순서와 상관없이 먼저 "예술의 경계선 때리기"라는 제목의 2장부터 살펴보자. 여기서 그는 무엇이든 예술이 될 수 있는 시대에 모든 것이 예술의 자격을 갖췄다고 말할 수 없는 딜레마를 논한다. 그에 따르면, 순수예술이라는 이름이 통상 함축하는 예술에 대한 이해는 서구에서 15세기경에 처음 나타 났다. 이후 19세기 중후반 모더니즘의 등장과 더불어 예술가 들이 예술의 본질을 자의식적으로 탐구하는 과정이 생겨났 고, 1910년대에 마르셀 뒤샹은 무엇이든 예술이 될 수 있다는 유명한 명제를 선언했다. 1960년대가 되면 예술가 자신과 타 인의 몸이라든지, 배설물, 풍경과 동물, 비디오와 퍼포먼스, (페리 자신이 전문가인) 도예와 태피스트리까지 정말 아무것이나 예술로 여겨지기에 이른다. 이러한 상황에 대해 페리는 예술 이 쓰레기통에 끼워 쓰는 싸구려 비닐봉지 같은 개념이 되었 다고 익살스럽게 지적한다. 헐렁하게 늘어진 그 반투명의 봉 지 속에 우리는 아무 쓰레기나 담을 수 있다는 것이다!

그렇다고 해서 현실적으로 동시대 예술에 경계선이 없는 것은 아니다. 그것은 예술의 내용보다는 어디, 누구, 또는 왜 에 의해 그어진다. 페리는 자신이 예술계 현장에서 식별해낸 경계선의 표식들을 소개한다. 거기에는 예술의 맥락, 즉 갤러 리, 아트페어 등의 제도화된 장소라든지 (일반인 아닌) '예술가' 의 창작물 여부와 같이 전통적인 예술철학 및 사회학에서 말 하는 지표들도 있고, 예술가들끼리 공유하는 약간 장난기 섞 인 지표들도 있다. 이를테면, 어떤 작품이 다른 무언가의 따분 한 버전인지, 한정 생산을 통해 배포 범위와 가격을 관리하는 지, 그 주변에 명품백을 들고 어리둥절한 표정을 짓고 있는 상 류층 관객이 많은지, 쓰레기장에 버려졌을 때 그것을 본 누군 가가 예술작품이라고 분간해낼 수 있는지, 우리를 답답하고 모호한 욕구 좌절의 상태에서 고민하게 만드는지 등이다. 페리에 따르면, 이 다양한 지표를 한꺼번에 적용해 벤다이어그램으로 나타냈을 때 가운데 겹쳐지는 부분이 동시대 예술이다. 이처럼 페리는 예술의 경계선이 더 유연해지고 흐릿해졌다 해도 여전히 존재하며 실질적으로 작동한다고 지적한다. 그의 경험과 직관에 따르면, 그러한 경계선은 사회적·부족적·철학적·재정적 등 다양한 성격을 띤다. 달리 말하자면, 예술 관련 제도, 예술 관계자들의 네트워크와 집합적 믿음, 예술시장으로서의 예술세계가 실재하면서, 무엇이 예술이고 무엇은 그렇지 않은지 정의하는 힘을 발휘한다는 의미일 것이다.

또 다른 장에서 페리는 예술의 질과 그에 대한 평가의 문제를 다룬다. 이제 예술은 더 이상 '아름다움'과 그것이 주는 '쾌감'을 기준으로 판단하기 어려워졌다. 그런 속성들은 어떤 고유한 본질을 가진다기보다, 우리가 특정한 대상에 반복적으로 노출되면서 익숙해진 결과로 여겨진다. 전통적인 평가 기준들은 "성차별주의와 인종차별주의, 식민주의, 계급적 특권으로 더럽혀져 불명예스럽고 곰팡내 풍기는 모종의 위계질서"에 매여 있다고 의심받을 뿐만 아니라, 아예 예술의 질을 따지는 일 자체가 엘리트주의의 혐의에 시달린다. '미', '쾌' 등의 잣대로 재기 어려운 개념미술, 엄청난 투자상품이나 다름없는 데미안 허스트, 제프 쿤스, 무라카미 다카시 류의 작품들, 1990년대 이후 활성화된 관계미학이나 참여미술은 질의 평가 작업을 한층 난감하게 만들었다.

그렇다면 경제적 가치나 대중적 인기가 기존의 평가 기준들을 대체할 수 있을까? 한데 이 장의 제목대로라면, "민주주의는 취향이 후지다."페리가 드는 재미있는 일화가 하나 있다. 2012년 영국에서 가장 인기를 끌었던 전시는 왕립미술원에서 열린 데이비드 호크니의 유료 전시회였다. 그런데 페리가 만난 한 갤러리 운영자는 그것이 자기가 본 최악의 전시회 가운데 하나라고 말했다는 것이다. 2019년 8월 막을 내린 서울시립미술관의 호크니 전시에는 넉 달 남짓한 기간 동안 35만 명의 관객이 들었다고 한다. 이렇게 대규모 관객이 몰려드는 전시회가 '타인의 취향 수준을 올리려는' 직업을 가진 이들까지 만족시킬 수 있을까? 상품화에 의식적으로 저항하는 작품들, 대중의 인기를 자발적으로 거부하는 작품들은 또 어떤 기준에 따라 판단할 수 있을까? 정치적·윤리적 이념, 또는 지원기관이나 정부의 정책 목표가 예술의 적절한 평가 기준이 될 수 있을까?

이 복잡한 문제를 앞에 두고서 페리는 현역 미술가의 냉철한 현실 감각으로 되돌아온다. 그에 따르면, "사람들의 의견을 듣지 않거나 라벨에 붙은 이름을 읽지 않고도 어떤 예술 작품에서 수준 높은 질을 알아볼 수 있는 사람이 예술계에는 많지 않다." 나아가 "훌륭한 취향이라는 관념은 하나의 부족 내부에서 작동한다. 예술계라는 부족은 자신들만의 가치 체계를 갖고 있고 그것은 더 민주적이고 더 광범위한 관객들의 가치와 반드시 일치하지 않는다." 그가 정확히 일깨우듯이, 우리가 예술에 다가간다는 것은 "어떤 시스템"을, 즉 고유한 논리를 가지는 예술세계를 받아들인다는 것이다. 예술의 질, 예술의 가치는 바로 그 세계가 집합적으로 생산하는 것이다.

그 세계는 구체적으로 동료 예술가, 수집가와 딜러, 평론가, 큐레이터, 미디어, 그리고 (예술 수용자로서의) 대중으로 이루어진다.

페리는 이 복잡한 네트워크를 "입증 합창단"이라고 위트 있게 표현하는데, 그 단원들은 무엇이 좋은 예술인가를 둘러싸고 "다정한 합의"를 형성한다. 그가 보기에, 동료들의 입증은 여전히 중요하고 거물 수집가와 딜러의 영향력은 매우 높아졌지만, 최고의 실력자는 뭐니 뭐니 해도 큐레이터다. 관람객 수로 알려지는 대중의 인기는 특히 공공기관의 지원을 결정하는 주요인이 되었다. 예술작품이 명성을 얻는 데 미디어와 평론가가 행사하는 영향력은 예전보다 많이 떨어졌지만, 명성을 지키는 데 행사하는 영향력은 지금도 가장 막강하다. 시간이 지날수록 먼지만 쌓이는 작품이 있는가 하면, 고색창연한 품위가 더해지는 작품도 있다. 이러한 차이는 그 작품이 가진 진지함에 달려 있는데, 이러한 진지함은 미디어와 평론가의 언어를 통해 부여되고 유지된다.

"멋진 반항, 어서 들어와!"라는 제목의 장에서 페리가 제기하는 질문은 동시대 예술이 아직도 우리에게 충격을 줄 수 있는지 하는 것이다. 1960년대 중반 이후 거의 모든 것이 다 시도되었고, 오늘날의 예술은 어떻게든 참신할 수 없을 만큼 "닳고 닳았다". 예술가의 분노는 관행이 되었고, 반항은 정체성의 핵심이 되었다. 마약, 피어싱, 다른 인종 간 섹스, 페티시즘처럼 한때 위험하고 전복적이라고 여겨지던 것들도 어느새 인터넷이나 텔레비전 콘텐츠의 단골 소재로 떠올랐다. 페리에 의하면, "그리하여 이제 마지막으로 남은 진짜 위험한 것, 절대 볼 일 없는 한 가지는 겨드랑이털밖에 없다!" 더욱이 동시대 예술은 가속적인 전 지구화, 상업주의의 확산, 테크놀로지의 눈부신 발전 속에 옴짝달싹 못하게 붙들려 있다. 전 세계에서 열리는 예술 비엔날레는 220여 개에 이르고, 거대 다국적기업들은 진정성을 연출하기 위해 예술을 이용한다. "새로운 아이디어야말로 자본주의의 생명줄"인 시대에 "동시대 미술은 자본주의를 위한 연구개발 부서와 같다." 미술관은 일종의 "컬트 엔터테인먼트 메가 스토어"로 변했고, 동시대 미술 작품은 종종 고가의 사치재, 혹은 난잡한 라이프스타일 소품으로 소비된다. 그것은 테크놀로지의 속도와 매력, 이를테면 구글어스의 위엄, 유튜브의 다양성, 트위터의 재담을 절대로 따라잡지 못할 것이다. 페리는 이제 아방가르드는 존재하지 않으며, "그저 전 세계의 서로 다른 장소에서 다양한 재료들을 가지고 다양한 수준으로 실험하는 다양한 현장들이 있을 뿐"이라고 단언한다. 동시에 이 현실을 긍정하면서 그는 "역사 속에서 현재의 다원주의적 예술계가 앞으로 올 정치적인 것의 전조라고 믿을 수 있다면 멋진 일이 아닐까!"라고 되묻는다.

그런데 페리가 보기에, 이러한 예술계의 지배적인 정서는 "초연한 아이러니"로 특징지어진다. 아이러니는 문제를 모든 관점에서 살펴보고 정교하게 헤아려본 뒤에 나온 최종 결과라는 모양새를 취하기에, 어떤 대상을 아이러니 없이 다루는 예술가는 생각 없다는 인상을 준다. 페리에 따르면, 이 같은 상황에서 동시대 예술가에게 남은 가장 중요한 충격 수단은 역설적으로 '진지함'이고, 예술작품에 담긴 충격은 형식적인 것이기보다 정치적이거나 사회적인 것이 된다. 즉 예술가들은 사람들이 현실의 거창하고 심각한 사안에 대해 비웃지 않을 것임을 알기에 정치의 힘을 빌려오고 싶어 한다. 그리하여 예술계에서 논쟁은 서로 다른 양식의 옹호자들 사이에서가 아니라, 정치적 액티비스트들과 자기모순에 빠진 시장 친화적 아방가르드들 사이에서 벌어진다. 페리는 충격이 예술의 동의어가 되는 것은 바람직하지 않고, 예술은 충격 이외의 다양한 것이 될 수 있다고 주장한다. 무엇보다도 중요한 일은 예술가가 언제나 성심껏 진실하게 작품에 임하는 것이다.

『미술 안내서』의 마지막 장 "나는 예술의 세계에서 나 자신을 발견했다"에서 페리는 '예술가'로서 자기실현의 경험에 초점을 맞춘다. 그가 자신을 분석 사례로 논의하는 만큼, 이때의 예술가는 제도화된 유형을 가리킨다. 물론 동시대 예술계에서도 아웃사이더 예술은 엄연히 존재한다. 예술학교에 다녀본 적도 없고 예술시장에 대해서도 모르는 사람들이 예술계의 역사라든지 다른 예술가들의 작업을 참조하지 않고 자신만을 위해 창작하는 예술 말이다. 하지만 예술대학에 가지 않고 예술가가 될 수 있을지는 몰라도, 예술가로서 직업적 경력을 쌓는 일은 거의 불가능에 가깝다. 페리에 의하면, "다시 아이가 된다는 건 멋진 일일 테지만, 예술의 세계에서 천진난만한 아이가 될 수는 없다. 예술가는 자의식과 예술계의 규칙들과, 예술의 역사와, 자신이 작업하고 있는 맥락을 고심해야만 한다. 이런 것들을 생각하지 않는 아웃사이더 예술가는 무언가를 환상적으로 만들어낼 수는 있겠지만 예술계 안에서 예술가로서 존재한다는 것의 의미에 대해서 신경 쓸 필요는 없다."

예술학교에서 우리는 틀릴 수 있는 자유를 누리면서 창의성을 배우고 상상력을 인정받는다. 무엇보다도 예술교육을 받는다는 것은 "자의식 상급과정"에 등록하는 일이고, "표현의 최대 적인 자의식은, 공교롭게도 예술계에서 자신의 작품을 내놓기 원하는 모든 사람에게서 빼놓을 수 없는 배배 꼬인 필수 요소"이기도 하다. 모더니즘 이래 예술가들은 자신의 취향과 작업, 그리고 예술 자체에 대해 끊임없이 질문하고 반성해왔으며, 이는 오늘날 예술가로서의 삶을 규정하는 중요한 태도다. 페리는 신랄한 공격과 비난이 횡행하고 좌절에 휩쓸리기 쉬운 예술계에서 위악과 유머, 냉소주의의 갑옷을 두르고 자신의 창조적 충동과 에너지를 관리한다고 고백한다. 자기만을 위한 일종의 "도피처"이자 "내면의 오두막"인 예술을 지켜나가기 위해서 말이다. 『미술 안내서』에는 이처럼 예술 세계에 대한 페리의 예리한 관찰과 이해 한편으로, 예술가로서 그가 느끼는 만족감과 자부심이 구석구석 배어 있다. 이는 예술가에게 학교 교육과 직업적 경험이 얼마나 중요한지 새삼 곱씹어보게 만든다.

사회학자 부르디외는 2001년 프랑스 님Nimes 예술학교의 학생들을 상대로 한 강연에서 사회학과 동시대 예술의 공통점에 관해 말한 바 있다. 그것은 바로 확실성의 지반이 존재하지 않기에 생겨나는 슬픔이다. 동시대 예술은, 사회학과 마찬가지로, 프로이트가 일깨웠던 수수께끼, 그러니까 세계를 짊어진 아기 예수를 다시 어깨에 들쳐멘 성 크리스토퍼의 발은 어디를 딛고 있는지 쉼 없이 되묻는 운명에 처해 있다. 그것은 자신의 발밑에 자연이든, 본성이든, 전통이든 무언가 의지할 수 있는 지점을 갖지 못한다는 슬픔을 견뎌내야만 한다. 그것은 그렇게 자신의 철학적, 사회학적 존재 근거를 끊임없이 의문에 붙임으로써만 앞으로 나아갈 수 있다. 어쩌면 부르디외는 뛰어난 사회학자와 뛰어난 동시대 예술가는 '급진적 자기 성찰'이라는 덕성을 공유한다고 말하는 셈인데, 페리의 책은 그 생생한 사례라 할 만하다. 아마도 이 책을 읽고 나면 누구든 저자 같은 친구가 한 명쯤 있으면 좋겠다고 생각하게 될 것이다. 박식하고 재기 넘치며, 때로는 크로스드레싱까지 서슴지 않을 만큼 발칙한, 예술가 친구. 당연히 그는 주변 세계는 물론 자기 자신까지도 깊숙이 들여다볼 수 있는 서늘한 눈매의 소유자일 것이다.

동시대 미술계의
일곱 가지 현장 스케치

『걸작의 뒷모습』

세라 손튼 지음, 이대형·배수희 옮김,
세미콜론, 2011

관찰을 제대로 하기란 쉬운 일이 아니다. '본다'는 감각은 우리에게 너무나 직접적이고 즉각적이어서, 우리는 (시각에 별다른 장애가 있지 않다면) 누구나 다 '잘' 볼 수 있다고 믿는다. 하지만 '아는 만큼 보인다'는 유명한 어구가 시사하듯, '잘 보기'는 모두에게 동등하게 주어진 능력이 아니다. 게다가 관찰은 단순히 '보는 것'(觀) 말고도 '살펴 아는 것'(察)을 포함하는 활동이다. '아는 만큼 보인다'는 전제 위에서 또 '알 만큼 보아야' 하는 일이 관찰이다. 지식과 직관, 집중력과 인내심을 요구하는 이 활동은 그리하여 때로는 문제 풀이의 원동력이 된다. 추리 소설은 이러한 관찰의 실제 방법과 유용성을 단적으로 극화해 보여주는 사례라 할 수 있다. 수사를 위해 탐정은 온갖 물리적인 흔적을 샅샅이 뒤져 단서들을 찾아내며, 이 과정에서 무엇보다도 관찰하고 추론하고 해석한다. 이를테면,『주홍색 연구』에서 셜록 홈스는 범죄 현장 앞 비에 젖은 땅 위에 난 마차 바퀴 자국을 눈으로 확인하고, 그 좁은 폭으로 보아 승객용 마차일 것이며 말발굽 자국으로 보아 누군가 말을 혼자 내버려 뒀을 것이라고 추정한다. 그는 여러 사실을 관찰하며 가설을 세우고, 또 가설을 확증하기 위해 새로운 사실을 관찰하고 논리를 짜맞춘다.

그런데 관찰은 탐정만의 방법이 아니며, 관찰의 쓸모 또한 수사에 한정되지 않는다. 그것은 인류학자나 사회학자, 또는 문화연구자가 주로 쓰는 질적 연구 방법의 일부로, 어떤 대상의 학문적인 탐구에 매우 유용하다. 이렇게 보면 사회학자 세라 손튼이 예술세계를 논하기 위해 택한 방법이 다양한 형식의 인터뷰와 체험, 청취를 포함하는 넓은 의미의 관찰 — 전문용어로는 참여관찰, 또는 현장기술지ethnography — 이라는 점은 특별한 사실이 아니다. 하지만 동시에 그러한 관찰을 동시대 예술계에 적용한 작업이 흔하지 않다는 점 때문에 손튼의 저서『걸작의 뒷모습』은 특별하게 다가온다. 이 책은 전 지구적 차원에서 펼쳐지는 동시대 미술의 현장을 꼼꼼하면서도 생생하게 묘사한 흥미로운 기록이다. 2008년에 나온 원서의 제목은 '예술세계에서의 7일Seven Days in the Art World'로 시간성을 강조한 것처럼 보이지만, 사실은 그렇지 않다. 그것은 연속된 일주일이 아니라 2004년부터 2007년까지 약 4년에 걸쳐 있는 7일이며, 저자가 7일의 이야기 아래 소환하는 대상은 실상 세계 미술계의 대표적인 일곱 개 현장이다. 뉴욕의 크리스티 옥션, LA의 미술학교 칼아츠, 바젤 아트페어, 런던 테이트미술관의 터너상 전시와 시상식장, 뉴욕의《아트포럼Artforum》사무실, 도쿄의 무라카미 다카시 스튜디오, 베네치아 비엔날레…… 손튼은 동시대 예술세계의 교육, 창작, 비평, 공인, 전시, 거래, 판매 같은 층위를 압축적으로 보여주는 이 5개국 6개 도시의 장소들에서 무슨 일이 일어나고 있는지 상세하게 관찰하고 보고한다.

　　캐나다 출신인 손튼은 학부에서 미술사를 전공하고 영국으로 유학하여 미디어와 문화사회학 분야에서 석사와 박사과정을 마쳤다. 손튼의 첫 책은 박사학위 논문을 개작한『클럽문화: 음악, 미디어 그리고 하위문화자본Club Cultures: Music, Media, and Subcultural Capital』(이하『클럽문화』)이다. 런던의 클럽과 레이브rave 파티 등에 대한 밀도 있는 현장기술지를 바탕으로 젊은이들의 댄스 문화를 연구한 이 책은 하위문화자본이라는 새로운 개념을 제안함으로써 이론적 혁신을 가져왔다고 높게 평가받았다. 손튼은 사회에서 주변적이고 일탈적인 것으로 여겨지는 하위문화가 내적으로는 고유의 '진정성'을 추구하는 하위문화자본에 의해 구조화되어 있다고 주장한다. 부르디외의 문화자본 개념을 변주한 하위문화자본은 특정한 하위문화의 구성원들이 자신의 지위를 높이고 다른 사람들과 차별화하는 데 도움을 주는 지식과 상품 등의 총체를 뜻한다. 예를 들면, 클럽문화에서 '힙hipness'의 관념은 일종의 하위문화자본으로 기능하는데, 이는 지식은 물론 외모, 스타일, 사물(티셔츠, 장신구, 소장 음반 등)로 이루어지고, 경제적인 수입이나 직업(디제이, 클럽 프로모터, 저널리스트 등)으로 이어질 수도 있다. 『클럽문화』의 출간 이후 손튼은 어떤 이유에선지 계속 학계에 남아 연구하는 대신, 런던의 광고회사에서 브랜드플래너로 일하고 《이코노미스트The Economist》의 예술 관련 에디터로 활약하는 등 대학세계 바깥에서 경력을 쌓아갔다(그의 상세한 이력은 개인 웹사이트 sarah-thornton.com에서 확인할 수 있다). 아마도 그는 다양한 활동을 거치며 '연구자-저널리스트'로서의 정체성을 구축해간 것으로 보인다. 『걸작의 뒷모습』은 이러한 손튼이 펴낸 두 번째 책이자, 22개 언어로 번역되어 그에게 '예술세계의 제인 구달'이라는 명성을 안겨준 베스트셀러이기도 하다.

이 책은 기본적으로 풍부하고 촘촘한 현장기술지를 표방하지만, 그렇다고 거기에 이론적인 구조가 전혀 없는 것은 아니다. 손튼은 그것을 서론에서 간명하게 밝히고 있는데, 예술세계art world, 상징경제symbolic economy, 신념경제economy of the belief 등이 그 핵심어라 할 수 있다. 먼저 그가 말하는 예술세계는 원래 사회학자 하워드 베커Howard Becker가 고안한 개념이다. 베커는 예술작품으로 인정받는 무언가를 생산하기 위해 관행적 수단에 대한 공동 지식을 바탕으로 협력적 활동을 하는 사람들의 네트워크를 예술세계라고 정의했다. 손튼은 '시장'이 아니라 '세계'라는 차원에서 동시대 미술 현장에 접근하는 이유를 다음과 같이 설명한다. "미술시장은 작품을 사고파는 사람들, 즉 딜러, 컬렉터, 옥션하우스에 한정되지만, 미술계는 비평가, 큐레이터, 작가 등 상업적인 활동에 직접적으로 연루되지 않은 사람들까지 포함한다. 미술시장이 사람들이 일하는 곳이라면, 미술계는 사람들이 상주하며 살아가는 공간이다. 무자비한 자본의 경제학 대신, 사람들이 생각을 교환하고 문화적 가치에 대한 담론이 일상화되는 '상징경제'가 지배하는 공간이 바로 미술계다."

손튼은 이처럼 미술계를 미술에 대한 믿음으로 엮여 있으며 서로 겹쳐지는 하위문화들의 느슨한 네트워크로 바라보면서, 전 지구적인 수준에서 그 작동 양상을 포착하려 애쓴다. 그에 따르면, 『걸작의 뒷모습』이 취한 7일이라는 구조는 "미술계가 하나의 '체계'이거나 잘 맞물려 돌아가는 기계가 아니라 하위문화가 충돌하는 클러스터"라는 관점을 반영한다. 이러한 시각에서 예술은 또 특정한 문화적 가치와 그에 대한 신념에 기초해서만 성립하는 무언가로 나타나는데, 이는 손튼이 동시대 미술을 일종의 '대안 종교'와도 같다고 말하는 이유가 된다. 사실 예술이 예술이려면, 혹은 예술이 예술인 이상 그 자체의 가치에 대한 사회 구성원들의 믿음은 필수불가결한 요소라 할 수 있다. 예술계 내부에서라면 더 말할 나위도 없을 것이다. 손튼은 미술시장의 경우 역시 "기본적으로 수요와 공급의 법칙에 따라 움직이지만, 신념경제의 영향도 무시할 수 없다"고 지적한다. 그리하여 예컨대, 옥션에서의 모든 과정은 사람들에게 믿음을 심어주는 작업의 연속이기도 하다. "작가의 문화적 중요성이 현재도 그렇고 앞으로도 계속 커질 것이라는 확신, 작품이 훌륭하다는 확신, 다른 컬렉터들이 꾸준히 경제적 후원을 할 만한 작가라는 확신을 심어주는 일련의 과정 말이다." 이는 비단 옥션뿐만이 아닌, 다른 예술 현장들에도 그대로 적용 가능한 통찰이 아닐 수 없다.

『걸작의 뒷모습』에서 손튼은 작가와 큐레이터는 물론 딜러와 컬렉터, 경매사, 아트 컨설턴트, 아트페어 디렉터, 미술사 전공 교수, 비평가, 잡지 편집장, 예술학교 학생에 이르기까지 다양한 위치에 있는 수많은 인물이 제 나름의 관점을 가지고 행동하는 모습을 묘사한다. 동시에 그는 비슷한 듯 보이는 미술계 현장들에서 나타나는 특유한 가치와 의례와 실천, 그리고 그것들 사이의 미묘한 부딪힘과 어긋남을 시야에서 놓치지 않는다. 이는 그가 테이트의 관장 니컬러스 세로타, 크리스티의 디렉터 에이미 카펠라조, 《아트포럼》의 소유주 토니 코너 같은 거물들을 비롯한 미술계 인사 250여 명과 가진 길고 짧은 인터뷰를 통해 잘 드러나지만, 그들의 말씨나 태도, 옷차림이라든지, 장소의 특징과 분위기에 대한 예리한 관찰과 해석에서도 도드라진다. 예를 들어 뉴욕의 미술품 옥션에서 이브닝 세일을 책임지는 경매사들은 독일인, 영국인, 프랑스계 스위스인 등으로 미국인이 없는데, "이들은 상스러울 수 있는 거래에 유럽풍의 세련됨과 우아함을 부여한다"든지, "비평 수업은 5초간 작품을 바라본 뒤 얄팍한 금전 가치로 환산해버리는 옥션이나 아트페어와는 정반대 지점에 있다"는 식이다.

손튼이 세밀하면서도 경쾌한 필치로 그려내는 동시대 미

술 정경은 무엇보다도 '상업화'와 '전 지구화'라는 강력한 추세로 특징지어진다. 미술은 어느새 많은 이들에게 고가의 사치품이자 매력적인 투자처가 되었다. 무라카미 다카시 같은 세계적 작가는 일본과 미국에 스튜디오를 두고서, 작품을 응용한 상품 생산이나 패션 회사와의 콜라보 같은 활동을 통해 웬만한 기업가가 부럽지 않을 매출을 올린다. 1990년대 이후 급증한 아트페어와 비엔날레는 국제적인 미술 교류와 거래, 유행을 주도한다. 이 모든 현상은 불과 몇십 년 사이에 나타난 새로운 변화처럼 여겨지는데, 언제나 관건은 '변하는 것 가운데 지속되는 것'이 무엇인지를 아는 일이다. 이러한 관점에서 중요한 것은 아마도 옥션, 아트페어 등 각종 상업기구와 금융 자본의 점증하는 힘에도 불구하고, 예술적 가치가 시장 논리에 완전히 편입되지 않은 채 상당한 긴장 관계를 유지하고 있다는 사실일 터이다. 손튼에 따르면, "미술과 시장 사이에는 여전히 이데올로기적 대립이 존재한다. 서로 떼려야 뗄 수 없는 관계임에도, 또한 작가들이 공공연하게 미술시장을 작가 활동의 일부로 보는 상황에도 불구하고 둘 사이의 간극은 좀처럼 좁혀지지 않고 있다. 좋은 작품을 판단하는 지배적인 기준으로서 손재주에 대한 믿음이 폐기된 이상, 오늘의 미술계는 작가성에 더욱 의존할 수밖에 없다. 작가들이 단순하게 시장에 공급하기 위해 작품을 만드는 것으로 비치게 되면 작가적 진정성이 위태로워질 수 있고, 이는 다시 시장에서 그 작가의 작품을 불신하게 만든다."

　미술과 시장, 혹은 상징과 경제라는 두 축 간의 여전한 대립은 얼핏 전 지구적 자본주의 체제가 온전히 잠식해버린 듯 보이는 미술계가 실은 고유한 가치와 논리를 매개로 '경제적인 것'에 접합되어 있으며, 따라서 상징/경제의 복잡한 접점들을 구체적으로 살피지 않으면 안 된다는 함의를 띤다. 예컨대, 책에서 손튼이 보고하는 대로, 미술 거래 및 판매 심급인 옥션과 아트페어는 상품화 과정의 최전방에 자리하지만, 작품의 가격을 높이거나 유지하기 위해서라도 작가, 큐레이터, 컬렉터 등의 '진정성'과 경력 관리를 둘러싼 상징게임으로부터 결코 자유로울 수 없다. 창작자나 비평가, 잡지, 미술상, 갤러리 등에 경제자본이 미치는 영향력은 분명히 강해졌지만, 그 힘에 저항하는, 또 때로는 그럼으로써 그 힘에 편승할 수도 있는 상징자본의 역할 역시 한층 커졌다. 이를테면, 상과 가격은 서로 밀접히 연동되어 있어 터너상 후보만 되더라도 작품 가격이 1/3 이상 뛰고, 만일 수상하면 2배 이상 오른다. 상징자본의 환전 속도가 이렇게 빨라진 상황에서 작가는 상에 다가가기 위해 진지하고 비상업적인 경력을 추구해야만 하는 역설적 처지에 놓인다. 그리하여 미술은 고도의 사치재이자 투기 대상으로 극단적인 물신화를 겪는 이면에서, 비판성을 구현하는 지적·철학적 정신노동으로 여겨지고 또 가르쳐지는 것이다. 이는 비단 작가만이 아니라 딜러, 미술관, 비평잡지 등 미술계의 모든 구성원에게 권위, 명성, 신뢰도 같은 상징자본의 관리가 가장 중요한 쟁점으로 떠오른 현실과도 무관하지 않을 법하다.

하이데거에 따르면, 희랍어 동사 테오레인(theōrein)은 무언가가 스스로를 드러내는 '외양'이라는 뜻의 어근(theo)과 '가까이서 들여다보다'라는 뜻의 어근(horaō)이 결합해, '존재가 가시화되어 있는 외양을 주의 깊게 바라보고, 이를 통해 그 존재와 함께 머문다'는 의미를 지닌다. 서구에서 이론(theory, théorie, Theorie)이라는 단어가 바로 이 테오레인의 명사형인 테오리아(theōria)로부터 유래했음은 널리 알려진 사실이다. 그런데 동시대 미술계에 대한 섬세하고 풍부한 관찰을 제공하는『걸작의 뒷모습』은 아쉽게도 손튼의 전작『클럽문화』와 달리, 새로운 이론화를 시도하는 데까지는 나아가지 않는다. 이는 어쩌면 자신의 책이 좀 더 대중적으로 읽힐 수 있기를 바란 저자의 의도적인 선택이었을 법하다. 그럼에도 그의 논의 곳곳에는 이론적 영감을 자극하는 대목들이 적지 않다. 대표적인 예가 '예술의 시간성' 문제일 것이다. 손튼의 서술에 기대자면, 동시대 미술계는 더 이상 무엇이 위대하고 훌륭한지 역사가 결정해줄 때까지 기다리지 않는 것처럼 보인다. 오늘날 미술가의 이상적인 경력은 세계 유수의 미술학교를 졸업하면서 시작해, 최고 권위의 상을 타고 생전에 주요 미술관에서 회고전을 가짐으로써 정점을 찍는다. 컬렉터들 또한 제작 시기를 초월해 의미를 띨 만한 작품보다, 즉각적인 호소력과 탄성을 불러일으키는, "당대를 반영하는 거울 같은 작품"에 더 큰 매력을 느낀다. 그 결과, 예술적 성취의 평가 기준으로 '얼마나 오래 살아남을 수 있는가'가 아니라, '얼마나 많은 지역에서 인정받을 수 있는가'가 훨씬 중요해졌다 해도 과언이 아니다. 말하자면, 작품의 역사성 아닌 국제성, 시간적 지속성 아닌 공간적 확장성이 득세하고 있는 셈이다. 그런데 이러한 동시대 미술계의 새로운 리듬은 전 지구적 자본주의의 운동 논리와 연결되어 있는 것일까? 혹시 그렇다면 어떤 식으로? 손튼의 책은 이 회피할 수 없는 중대한 질문들로 우리를 슬며시 이끌어간다.

예술계에서 산다는 것,
그 쓸쓸함에 대하여

『마쓰모토 세이초 걸작 단편 컬렉션(상)』

마쓰모토 세이초 지음, 미야베 미유키 엮음,
이규원 옮김, 북스피어, 2009

어떤 소설은 때로 현실에 대해 사회학책 못지않게 예리한 분
석과 깊은 통찰을 안겨준다. 작가 역시 사회학자처럼 자기가
살아가는 현실을 상대하며 그것의 모순과 씨름하기 때문일
것이다. 가공과 표현의 방식은 다를지라도, 결국 소설가 또한
현실에 관해 말한다. 이른바 '문학적인' 형식이나 '허구적인'
서사, 혹은 '관습적인' 장르의 틀 안에서, 한마디로 '게임의 규
칙'을 따르면서 말이다. 그러니 어쨌든 예술계를 이야기하는
소설가의 번득이는 혜안이 그 세계를 헤집어보고자 하는 사
회학자의 논리에 근접한다고 해서 너무 놀랄 일은 아니다. 그
것은 그저 작가가 얼마나 냉정하게 현실 세계를 직관하고 있

는지 알려주는 뚜렷한 징표일 뿐이다.

　일본의 유명한 사회파 추리소설가 마쓰모토 세이초 (1909~1992)는 예술과 학문, 역사에 대한 남다른 관심을 보여왔다. 그는 뛰어난 논픽션 작가이자 역사가, 고고학자로도 잘 알려져 있는데, 옛날 일본 예술가들의 짧은 평전을 묶어『예술가로 산다는 것』(원제는 '소설일본예담小說日本藝譚')이라는 책을 펴내기도 했다. 개인적으로 세이초는 결코 행복하달 수 없는, 자신의 표현대로라면 "탁하고 어두운 반생"을 보낸 사람이었다. 가난한 집안에서 태어나 생활고에 시달리며 겨우 소학교만 마친 채 급사, 점원, 인쇄공, 광고 도안사 등 밥벌이를 위한 이런저런 일자리를 전전해야 했기 때문이다. 설상가상 태평양전쟁 말기인 1944년 그는 35세의 나이에 부모와 처, 세 아이까지 모두 여섯이나 되는 가족의 부양 의무를 뒤로 한 채, 낯선 조선 땅에서 군 생활을 해야만 했다.

　어려서부터 책 읽기를 좋아하고 문학에 관심이 많았던 세이초는 우연히 자신이 다니던 신문사의 공모전에 입선하면서 본격적인 소설가의 길로 들어선다. 41세에 늦깎이 작가가 된 그는 이후 정확히 생의 남은 절반 동안 어마어마한 양의 저작을 생산하며, 이른바 '국민작가'의 반열에 올랐다. 82세 나이로 세상을 떠날 때까지 그가 남긴 작품의 양은 에세이 포함 약 980편에 달하고, 소설만 따지더라도 장편 약 100편, 중단편 약 350편에 이른다. 당대의 어떤 동료 작가가 그에게 "인간이 아니라 타이프라이터"라고 조소를 날렸다는 일화가 조금도 어색하지 않을 정도다. 세이초가 어떻게 그토록 방대한 저작을 남길 수 있었는지는 미스터리지만, 그 저작의 대부분이 최소한 태작이 아니라는 점만은 분명해 보인다. 게다가 그의 좋은 작품들에는 복잡한 사회 문제의 핵심에 빠르게 육박해가는 매력이 있다. 어떨 때 그는 맹수의 생리를 낱낱이 꿰뚫고 있는 사냥꾼의 솜씨로, 살아 날뛰는 현실을 장르의 그물 안에 단번에 포박해버린다.

미야베 미유키가 편집한 『마쓰모토 세이초 걸작 단편 컬렉션(상)』에는 「진위의 숲」이라는 재미있는 단편이 실려 있다. 1958년에 나온 이 작품은 일본의 고미술계에서 일어난 위작 사건을 다룬다. 국악이라든지 고미술, 고전무용 등의 분야에는 뭔가 시류와 세속에서 멀리 떨어진, 깨끗하고 고요한 이미지가 있다. 그 세계에서 사람들은 모두 맑고 곧으며, 시간마저 천천히 흐를 것 같은 분위기가 풍긴다. 당연히 실상은 전혀 그렇지 않으며, 세이초가 묘사하는 고미술계는 실상의 적나라한 폭로에 가깝다. 거기서 사람들은 서로 시기하고 모함하고, 권력과 돈을 탐하며, 엎치락뒤치락 힘겨루기를 벌인다. 이처럼 그는 사람들이 온갖 통속적 이해관계와는 동떨어져 있으리라고 막연히 상상하는 '고전예술'에 대해 갖는 환상을 뒤집어버리며 이야기를 시작한다.

주인공은 다쿠다 이사쿠라는 50대 후반의 고미술 비평가다. 이사쿠는 별볼일없는 잡지에 평문을 기고하거나 골동품상에게 감정서를 써주며 근근이 살아간다. 도쿄대 미학과를 우수한 성적으로 나온 그는 지도교수인 모토우라 조지에게 밉보여, 학자로서의 경력을 제대로 쌓지 못한 채 제도권 밖을 서성이는 신세가 되었다(이를 반세기도 훨씬 전 다른 나라의 일일 뿐이라고 치부할 만큼 순진한 독자는 없을 것이다!). 도쿄제대와 도쿄미술학교 교수를 지낸 모토우라 조지로 말하자면, 일본 미술사학의 최고 권위자로 칭송받는 거물이었기에, 어렵지 않게 이사쿠를 학계에서 몰아낼 수 있었던 것이다. 세이초는 모토우라 권력의 근원을 이렇게 설명한다. "고미술품 소장가는 대개 조상에게 그 지위를 물려받은 다이묘 귀족이고, 그런 귀족은 대개 정치 세력을 가지고 있다. 그리고 재벌과 직업적인 정치가 중에도 소장가가 많다. 고미술학계의 권위자이며 국보보존회 위원인 모토우라 조지가 그런 상층부의 후대를 받고, 그가 그런 지위를 이용한 것은 당연한 결과였다."

　　모토우라 교수가 총명한 제자 이사쿠를 내친 이유는 그가 자신이 싫어하는 쓰야마 세이치 선생과 가까워졌기 때문이었다. 소설은 모토우라 교수와 쓰야마 선생의 관계를 통해 고미술 비평계를 특징짓는 대립 구조를 간결하면서도 분명하게 그려낸다. 모토우라 박사는 고미술사 이론을 연역적으로 확립한 학자인데 반해, 쓰야마 선생은 실증적인 감상 경험을 바탕으로 뛰어난 감식안을 갖춘 연구자다. 모토우라는 명문 대학의 교수이자 각종 정부 기관의 위원으로, 막강한 제도적 권위를 휘두르면서 제자들을 키워내고 권력자들과도 긴밀한 상호 부조 관계에 있다. 반면 국보감사관에 지나지 않는 쓰야마는 자비로 전국을 돌아다니며 실제 고미술품을 감상하면서 자료와 학식을 축적해간다. 그러니까 한쪽에는 정치경제적인 세속의 권력과 친하고, 비평과 교육 제도의 재생산에 관여하며, 이론적인 성향이 강한 인물군이 있다. 다른 쪽에는 세속의 권력에 거리를 두며, 제도권의 주변부에 머물면서 경험적인 탐구에 투신하는 인물군이 있다. 소설에서 모토우라 교수와 쓰야마 선생은 각기 양축을 대표하는, 또는 그 정점에 있는 사람들이다. 이 두 진영 사이에는 눈에 드러나지는 않지만 팽팽한 심리적 긴장과 갈등이 흐른다. 모토우라 측은 쓰야마 측의 감식안을 "직인의 기술"이라 폄훼하며, 쓰야마 측은 모토우라 측의 지식을 "학구적 장식품"으로 평가절하한다.

물론 소설의 서사가 이사쿠(를 통해 쓰야마)의 편에서 전개되는 만큼, 모토우라 교수가 쓰야마 선생에게 품고 있는 열등감이 훨씬 큰 것으로 그려진다. 모토우라는 화려한 이론으로 고미술사를 연역적으로 구축하는 많은 업적을 냈지만 실제로 거기엔 경험적 공백과 오류가 적지 않으며, 고미술 비평이란 반드시 정확한 실증과 감정 위에서 이루어져야만 하는 작업이기 때문이다. 그렇다면 쓰야마는 감식안이 부족한 모토우라를 무시하고 경멸할 따름일까? 문제는 그리 단순하지 않다. 쓰야마는 모토우라가 후세의 위작이나 모작을 (때로는 소장가의 이익을 지켜주기 위해) 가려내지 못한 채 고미술사의 서술에 편입시켰고 그가 세운 이론 체계에 허점이 많다는 사실을 알지만, 그것을 대놓고 폭로하거나 비판하지 않는다. 소설은 이사쿠의 입을 빌려, 이러한 침묵이 일본 미술사를 학문적으로 정립한 모토우라 교수에 대해 쓰야마 선생이 보여준 "학자의 예의"라고 표현한다. 이 존중심은 쓰야마의 나약한 성품을 드러내는 동시에, 두 진영이 공유하는 객관적인 이해관계의 존재를 알려준다. 즉 양 진영은 주류 대 비주류, 이론주의 대 경험주의, 세속적인 권력 대 영적인 권력 등 상반된 위치와 입장 위에서 대립하고 있지만, 동시에 '일본 고미술 연구와 비평'이라는 영역 안에서 공존하기에, 그것의 유지와 존속이 갖는 중요성에 대해서는 모두 동의하면서 심층적으로 공모하고 있다는 것이다.

쓰야마는 모토우라의 몰락이 고미술 비평계 전체의 파탄을 불러와 그것의 권위와 기능을 무력화하지 않을까 우려한다. 고심 끝에 그가 내린 결정은 모토우라 교수의 사후에 저서를 내는 것이었는데, '제대로 된' 저서라면 반드시 교수의 오류에 대한 반박과 교정을 포함할 수밖에 없기 때문이다. 하지만 인생이 결행의 시간을 늘 기다려주는 것은 아니다. 그 냉정한 진실을 증명이라도 하듯, 쓰야마 선생은 결국 단 한 권의 저서도 남기지 못한 채 자기보다 두 살 많은 모토우라 교수보다 15년 먼저 타계하고 만다. 반면 모토우라 교수는 여러 권의 저작을 통해 최고 실력자로서의 명성을 굳건히 하고, 자신의 교수 자리를 애제자 이와노 스케유키에게 물려줌으로써 후대에도 영속할 주류의 체제를 완성한다. 이사쿠의 동기이기도 한 이와노 스케유키는 머리도 나쁘고 고미술품 감정 실력도 변변치 않지만 "명문가의 자손"이며, "제법 대범한 귀족 같은 얼굴"을 하고서 교수에게 "거의 노예나 다름없는 봉사"를 서슴지 않는, 한마디로 모토우라 조지 같은 사람이 제일 좋아할 만한 씨알이었다. 이사쿠는 이러한 불합리와 부조리에

분노하며, 이와노 스케유키에 대한 "경멸과 질투와 증오에 몸부림"치다가 마침내 모종의 사건을 꾸미기에 이른다.

배경이 고미술 비평계인 만큼 「진위의 숲」 서사의 중심에는 '진위의 확인과 실증'이 놓인다. 하지만 거기서도 비평 담론은 단순히 진품과 위작, 혹은 모작을 가려내는 감정에 머물지 않고, 언제나 미추에 대한 가치평가를 수반한다. 게다가 고미술만이 아니라 미술 일반, 나아가 예술 전체는 그러한 비평 담론 없이는 지탱될 수 없다. 소설은 '진위의 여부'조차 확실한 판별이 매우 어렵고 힘든, 그리하여 때로는 불가능한 과업임을 암시한다. 하물며 '미추의 정도'는 더더욱 그럴 수밖에 없을 것이다. 어떤 작품이 다른 작품보다 얼마나 뛰어난지, 왜 그렇게 평가할 수 있는지 사람들이 합의하기란 쉽지 않다. 그럼에도 소설이 잘 드러내는 것처럼, 작품의 가치에 대한 집합적 믿음은 그 작품이 하나의 '작품'일 수 있기 위한 근본 조건이며, 그 믿음은 바로 비평가와 연구자, 그리고 그들이 기고하는 이런저런 전문지가 끊임없이 만들어내는 무엇이기도 하다. 그리하여 사람들은 어떤 작품에 대해 "아무렇게나 그린 듯한 그림이지만 자연을 옮기기보다 자연의 유구한 정신을 보여주고" 있으며, "표현은 서툰 것 같지만, 이 그림 같지 않은 것이 조금 거리를 두고 보면 공간이며 원근 처리가 훌륭하고 구도에도 한 치의 허점이 없"어서 "바라보는 이의 마음으로 파고드는" 것이라고 말하고 또 믿는다. 소설의 또 다른 인물군인 골동품상 같은 중개자들 ― 이들 간에도 고객의 수준, 취급 물품의 성격, 활동 지역 등에 따라 엄연히 일류, 이류 등의 위계가 있는데 ─ 은 그러한 믿음을 기반으로 작품의 시장 가격을 정하고 협상한다. 그들의 이와 같은 활동은 다시 작품의 경제적 · 미학적 가치에 대한 집단적 믿음을 강화한다. 작가가 보기에, 고미술계는 이런 식으로 굴러가는 것이다. 다른 예술계라고 과연 큰 차이가 있을까?

　「진위의 숲」에서 세이초는, 어쩌다 보니 고미술계의 변방으로 밀려나 그 세계의 진실 혹은 허구성을 간파하게 된 이사쿠의 시선으로, 예술의 사회적 작동 논리를 조금의 환상도 없이 들여다본다. 그 끝자락에서 그가 발견하는 것은 결국 예술을 둘러싼 사람들의 인정 욕구다. "무능의 모래 속에 매몰"되기보다는 자신의 재능을 "아주 조금은 누군가에게 알리고" 싶고, "자기 존재를 인정받고" 싶은 우리 모두의 범속한 욕망 말이다. 이 욕망은 이사쿠가 야심 차게 계획한, "죽은 회화보다 산 인간의 진위를 드러내는" 작업의 시초에 있었으며, 의도치 않았지만 그 종말 또한 허무하게 장식한다. 소설의 마무리가 다소 급작스러워 보이면서도 여운 있게 다가오는 이유는 우리가 그 욕망의 숙명성에 충분히 공감할 수 있기 때문이다. 인정욕구는 삶을 아주 복잡하게 얽어매기도 하고, 때로는 아주 단순하게 되돌려놓기도 한다. 「진위의 숲」은 '예술계에서 산다는 것'에 관한 쓸쓸한 이야기를 경유해, 이 변치 않는 진실의 언저리로 우리를 데려간다. 이사쿠가 그 때문에 괴로워했듯이, 사람에도 진짜와 가짜가 있다. 아마도 세이초는 진짜였을 것이다.

대 화

나의 고독은
당신의 고독을 알아본다

『자코메티의 아뜰리에』

장 주네 지음, 윤정임 옮김,
열화당, 2007

사회학이 예술을 연구할 때 생기는 염려가 있다. 사회학이 예술의
고유성을 사회적 일반성으로 환원시킨다는 것이다. 이를테면 사회
학은 예술의 '자율성'을 통치와 착취를 위한 이데올로기나 혹은 사
회적 지위를 강화하기 위한 전략으로 본다는 것이다. 사실 이러한
염려는 근거가 없지 않다. 기본적으로 사회과학은, 아니 모든 과학
은 복잡한 것을 단순화하여 설명하는 환원주의를 내장하고 있다.

　　예술사회학자들은 자신의 연구를 수행함에 있어 사회학이 예
술적인 것을 사회적인 것의 하위 범주로 축소시킨다는 이 같은 비판
을 염두에 둘 수밖에 없다. 그럼에도 불구하고 궁극적으로 사회학
자들은 우리가 예술에 대해 믿고 추구하는 바의 기원과 변화를 사회

적 조건과 연결시켜 규명해야 한다.

이때 사회적 조건이란 단순히 추상적이고 거대한 사회 구조를 의미하지 않는다. 사회학자 피에르 부르디외는 장field 이론을 통해 예술의 자율성을 탐색하면서 여러 종류의 중범위 혹은 미시적인 사회 단위들을 언급했다. 이를테면 예술작품에 대한 비평은 "상호 존경으로 묶인 결사들mutual admiration societies" 안에서 이루어짐으로써 정당한 효과를 발휘할 수 있다는 것이다. 이러한 결사들은 소규모 모임들, 비공식 연줄망, 친교 및 라이벌 관계 등으로 나타난다.

따라서 예술을 사회학적으로 탐구할 때 주의를 기울여야 할 대상은 자본주의나 신자유주의 체제뿐만 아니라 예술가들이 서로 만나고 상호작용하는 결사와 소통이어야 한다. 그러한 결사 및 소통 방식의 변화가 예술론 및 예술가 정체성의 변화와 맞물려 있기 때문이다.

이러한 관점에서 예술이나 문학의 역사를 살펴보는 것은 종종 흥미로운 해석으로 우리를 이끈다. 왜 국문학자 김윤식과 불문학자 김현은 20대의 나이에 『한국문학사』를 함께 저술했을까? 그들은 어떻게 만났고 어떤 대화와 고민을 공유하면서 '한국문학'의 역사를 기술한 것일까? 왜 시인 김수영은 시인 박인환을 그토록 공개적으로 비난한 것일까? 그들의 사적인 우정과 경쟁 관계는 당대 한국문학을 관통하던 문학적 입장과 어떻게 연결될까?

예술가 및 작가들 사이의 만남과 대화가 담긴 기록들은 그래서 좋은 사회학적 자료가 될 수 있다. 그러나 그런 기록들은 흔치 않다. 그러한 만남과 대화가 일화적으로 담긴 산문이나 단편적 인터뷰들은 종종 접할 수 있다. 그러나 그러한 만남과 대화를 지속적이고 장기적으로 기록한 책들은 그리 많지 않다.

당장 생각나는 책은 에드워드 사이드와 다니엘 바렌보임의 대담집『평행과 역설』이 있다. 이 책은 5년 동안 이루어진 세 차례의 대담을 담고 있으며, 예술과 정치에 대한 둘 사이의 '의견 교환'을 주 내용으로 삼고 있다. 그러나 일종의 기획처럼 진행된 둘의 교류보다 내게 더 흥미로운 책은『자코메티의 아틀리에』이다. 이 책은 장 주네가 1950년대 초반 알베르토 자코메티의 스튜디오를 4년 동안 꾸준히 방문하면서 둘 사이에 나눈 만남과 대화를 담고 있다. 또한 이 책은 주네의 자코메티에 대한 평론으로서도 유명하다. 주네와 자코메티의 관계, 그로부터 탄생한 사유와 글은 부르디외가 말한 상호 존경으로 묶인 결사의 전형적 예시라고 할 수 있다.

둘의 관계는 무엇보다 면대면 상호작용이 주를 이룬다. 주네와 자코메티는 얼굴을 마주하고 커피를 마시고 식사를 나누면서 예술과 삶에 대한 이야기를 나눈다. 둘 사이에 공유되는 예술에 대한 사유는 역사와 사회의 영향력에서 벗어나는 것 같다. 왜냐하면 그들은 철저하게 대상에만, 오로지 예술 작품과 예술가의 인격에만 골몰하기 때문이다. 주네는 말한다. "얼굴에 대한 미학적 인식을 가지려면 역사적 인식을 거부해야 하는 것이다." 자코메티 조각 작품의 독특한 양감을 떠올리면 더더욱 그러하다. 추상이라 부르기에는 인간의 모습을 갖췄지만 인간이라 부르기에는 뼈대만 앙상하게 남긴 형상을 우리는 어떻게 언어화할 수 있을까? 역사와 사회를 소환하여 자코메티 작품론의 체계를 구축하려 한다면 뭔가 억지스럽다는 느낌을 지울 수 없을 것이다.

이 책에서 우리는 정치와 경제로부터 독립하고 그것들을 압도하는 예술의 정당성 주장이 발현되는 미시적 사회 공간과 그 공간에서 유통되는 언어를 발견한다. 그것은 바로 주네와 자코메티의 우정이며, 주네는 자코메티의 죽음을 '고독'과 '죽음'이라는 키워드로 이해한다. 주네는 자코메티의 예술세계를 다음과 같이 요약한다. "자코메티의 작품은 모든 존재와 사물이 인식하고 있는 고독을 죽은 자들에게 전달해 준다. 그리고 그 고독이야말로 가장 확실한 우리의 영광이다."

주네에 따르면 예술 작품은 "헤아릴 수 없이 많은 죽은 자들에게" 바쳐지는 것이다. 이러한 논리는 예술이 지시하는 공동체가 실정적인positive 사회관계가 아님을 드러낸다. 예술은 (산 자가 아닌) 죽은 자들에게 (집단적 열광이 아닌) 고독을 봉헌함으로써 "우리의 영광"을 드러낸다. 예술은 큰 사회로부터 거리를 두는 작은 사회, 즉 예술가들의 만남과 대화 속에서 새로운 공동체를 상상한다. 주네에게 자코메티 조각의 앙상한 형상은 바로 그러한 희미한 공동체의 윤곽을 재현하고 있는 것이다. 고독에 기반하여 대안적 공동체를 모색하는 시도에는 또 다른 갈래가 있다.

한나 아렌트는 『전체주의의 기원』에서 고독solitude을 외로움loneliness과 구별하면서 전자로부터 사유 능력을 갖춘 공동체의 가능성을 탐지한다.

나는 고독 속에서 나 자신과 함께 "나 혼자" 있으며, 그러므로 한 사람-안에-두 사람인 반면, 외로움 속에서 나는 다른 모든 사람에게 버림받고 실제로 혼자 있는 것이다. 엄격히 말해 모든 사유는 고독 속에서 이루어지며 나와 나 자신의 대화이다. 그러나 한 사람-안의-두 사람이 전개하는 대화는 같은 인간들과의 접점을 잃지 않는다. 내가 사유의 대화를 함께 이어가는 동료 인간들이 이미 나 자신 속에 들어와 있기 때문이다.

사회로부터 고립된 외로움의 상태와 달리 고독은 내가 두 사람으로 나뉘어져 대화를 나누는 사유의 상태이다. 여기서 중요한 것은 내가 두 동일자로 나뉘는 것이 아니라 나와 타인, 즉 동료로 나뉜다는 점이다. 내가 내 안의 동료와 나누는 고독 속 사유는 아렌트에게는 정치적 실천의 토대로, 주네에게는 예술적 창조의 토대로 인식된다. 이때 정치적 실천과 예술적 창조는 그 내용과 형식은 다르지만 지배적인 사회관계를 거부한다는 점에서 공통적이다. 고독은 획일성 속에 다원성을, 타율성 속에 자율성을 기입하는 공통의 원리이다.

　　주네는 사회적 일탈과 범죄를 일삼으며 소수자로서 살았다. 주네와 당대의 예술가 및 지식인과의 관계는 어떠했을까? 확실히 그들은 주네의 독특함에 매혹되었던 것 같다. 장 폴 사르트르는 이런저런 범죄로 감옥에 갇혀 무기징역의 위험에 처한 주네를 위해 피카소와 함께 탄원서를 작성하기도 하였다. 심지어 그를 '성聖 주네'라 부르며 상찬하기까지 했다. 하지만 그 호칭은 오히려 주네에게 악영향을 미쳐 그가 한 동안 글을 쓰지 못하도록 했다. 그러나 주네는 사회적 고립을 고집하지는 않았다. 그는 미셸 푸코와 함께 정치적 활동을 벌이기도 했고, 사르트르와 푸코의 만남을 주선하기도 했다. 따라서 우리는 다시 한번 소수자 정체성을 가진 자의 사회적 관계와 활동, 그것들을 관통하는 우정과 고독의 원리를 발견한다. 주네가 자코메티의 작품 속에서 발견한 원리도 크게 다르지 않다.

> 자코메티의 예술은 대상들 사이의 사회적인 관계......를 맺어 놓은 사회적인 예술은 아니다. 그것은 차라리 가진 것 없어도 당당한 룸펜의 예술이며, 대상들을 서로 연결시킬 수 있는 것은 모든 존재, 모든 사물의 고독에 대한 깨달음이라는 순수한 지점에 이르고 있다. 대상은 말하고 있는 것이다. "......지금 있는 이대로의 나, 그리고 나의 고독은 아무런 거리낌 없이 당신의 고독을 알아본다."

여기서 궁금한 것은 과연 현대의 예술가들이 주네와 자코메티가 나눈 고독과 우정을 반복할 수 있느냐이다. 한 예술가가 다른 예술가의 작업을 수년간 관찰하고 서로 대화를 나눈 기록을 책으로 발간할 수 있을까? 과연 최근에 그런 사례가 있는가?

보다 중요한 것은 그러한 만남과 대화가 결국 예술에 대한 담론과 예술가의 정체성에 영향을 미친다는 점이다. 우리는 어쩌면 고독을 통한 사유, 고독의 알아봄, 고독에 기반한 우정 공동체가 아이디어를 통한 기획, 능력의 알아봄, 프로젝트에 기반한 팀워크로 대체되는 현실을 목도하고 있는지도 모른다. 이 과정에서 예술에 대한 담론과 예술가의 정체성이 어떻게 변화하고 있는지를 규명하는 일은 또 다시 사회학자의 몫이 될 터이다.

47

적어도 분명한 사실은 이제 우리가 예술 및 예술가에 대해 이야기할 때 고독보다는 고립과 외로움을 더 자주 언급한다는 점이다. "예술 및 예술가는 사회로부터 멀리 떨어져 있다. 그리고 그들을 경제적 보상과 복지 정책을 통해 사회 속으로 복귀시켜야 한다." 이것이 최근의 지배적인 관점이다.

　　그렇다면 예술의 고유성에 충실한 사회학자는 예술 시장과 예술 정책에 대한 관심을 넘어 다음과 같은 질문들을 던져야 한다. 예술가는 이제 무엇으로 나뉘는가? 예술가는 이제 능력 있는 자와 능력 없는 자로 나뉘는 것은 아닌가? 둘은 서로의 고독을 알아보기보다 질투하고 경쟁하는 사이가 아닌가? 예술가와 예술계 내부에 동료가 남아 있다면 그 동료는 과연 어떤 동료인가?

고전주의자이자 동시대주의자인
두 사람의 대화

『평행과 역설』

에드워드 W. 사이드·다니엘 바렌보임 지음,
노승림 옮김, 마티, 2011

에드워드 사이드는 내가 다니던 학교의 비교문학과 교수였다. 그의
수업을 들을 기회가 있었지만, 사회학과 대학원생이었던 나는 전공
이 다르다는 이유로 망설였다. 사이드의 수업을 들은 대학원 동기
는 그의 인격과 가르침이 얼마나 훌륭한지 내게 말해주며, 그가 불
치병에 걸렸다는 말을 덧붙였다. 사이드는 그로부터 얼마 지나지
않은 2003년 9월, 뉴욕에서 생을 마감했다. 내가 기억하는 그의 생
전 모습이 있긴 하다. 학교 근방에서 한번은 그가 내 곁을 스쳐 지나
간 적이 있었다. 머리가 하얗게 세고 왜소하고 음울해보였다. 이 이
미지가 내가 기억하는 사이드의 말년 모습이라 해도 무방했다.『평
행과 역설』을 읽기 전까지는 말이다.

『평행과 역설』은 에드워드 사이드와 다니엘 바렌보임의 대담으로 이루어진 책이다. 사이드는 팔레스타인 출신으로『오리엔탈리즘』과『문화와 제국주의』등의 저서를 통해 동양을 향한 서구적 편견의 기원과 구조를 탐구한 문학이론가이다. 바렌보임은 부에노스아이레스에서 러시아계 유대인 집안에서 태어나, 피아니스트로 명성을 얻었으며 지휘자로 커리어를 전환한 후 대가의 반열에 올랐다. 바렌보임은 이스라엘 국적을 보유하고 있으면서도 팔레스타인과 이스라엘의 평화협정을 공개적으로 지지했고, 심지어 반유대주의자로 악명 높은 바그너를 이스라엘에서 연주하여 논란을 일으키기도 했다.

이스라엘과 팔레스타인, 유대인과 아랍인이라는 대척점에도 불구하고, 비난을 두려워 않는 비판적 성향과 음악을 향한 지극한 열정을 공유한 두 사람은 1990년대 초 런던에서 조우한 이래 친구가 되었고 사이드가 사망할 때까지 우정을 나눴다. 그들의 관계는 사적인 차원에 머물지 않았다. 둘은 1999년 이스라엘과 아랍 출신의 청년 음악가들로 구성된 서동시집 오케스트라West-Eastern Divan Orchestra를 창설했다(『서동시집』은 괴테가 페르시아의 시인 하피즈를 접하고 받은 영감에 기반해 쓴 시집의 제목이다). 바렌보임은 중동 평화를 갈망했던 사이드의 유지를 계승하여 2016년 독일 베를린에서 아랍 출신 음악가들을 육성하는 〈바렌보임·사이드 아카데미〉를 창립하기도 했다.

『평행과 역설』은 음악, 삶, 정치에 대한 사이드와 바렌보임의 치열한 문제의식을 담아내고 있다. 둘은 때로는 맞장구를 치며 합의점을 찾고, 때로는 예의바르게, 그러나 날카롭게 서로의 의견을 문제 삼는다. 이 책에서 내가 만난 사이드는 죽어가는 사람의 모습과는 거리가 멀었다. 그 자신 피아니스트였던 사이드는 음악에 대한 해박한 지식을 펼쳐보였고 예술이 비판적 지성의 한 형식으로 어떻게 사회와 관계를 맺는지 바렌보임에게 캐물었다. 1990년대 중반부터 5년간 이어진 둘 사이의 대화를 담은 이 책은 아마도 사이드가 마지막 투병을 하던 시기와 겹쳤을 것이다. 투병의 와중이었음에도 사이드는 이 책에서 자신의 병에 대해 언급하지 않는다.

책의 제목이 왜 『평행과 역설』인지에 대해서는 정확히 설명되어 있지 않다. 다양한 주제에 걸쳐 그다지 일관되지 않은 방식으로 '평행'과 '역설'이 등장한다. 아마도 그 뜻을 미루어 짐작할 수 있는 적절한 방식 중 하나는, 이 책에서 가장 자주 언급되는 바그너를 통해서일 것이다. 이스라엘에서 바그너는 반유대주의와 나치를 연상시키는 금기였기에 그 연주가 매우 드물었고 간혹 연주가 이루어질 때도 늘 센세이션을 불러일으켰다. 이러한 금기는 점차 완화되고 있지만 거부감이 완전히 가시지는 않고 있다. 그럼에도 바렌보임은 바그너로부터 받은 음악적 영향이 지대함을 숨기지 않았고 이스라엘에서건 어디서건 바그너 연주를 옹호하고 주도했다.

바렌보임도 인정하는 것처럼 바그너는 자신이 쓴 에세이들에서 유대인 혐오를 적극 표출했다. 바렌보임이 보기에 바그너는 궁핍한 기회주의자이자 지독한 나르시시스트였다. 바렌보임은 만약에 그가 바그너와 동시대에 살았더라면 바그너는 사석에서 가장 만나기 싫은 사람 중 하나였을 것이라고 고백한다. 그럼에도 바렌보임은 바그너의 음악을 그의 삶과 구별해야 한다고 강조한다. '평행'이 드러나는 지점이다. 즉 삶과 예술은 나란히 가되 궁극적으로는 일치하지 않는다는 것이다.

　바렌보임에 따르면 바그너는 자신만의 '음악적 사상'을 추구했다. 바그너에게 음악은 '소리'였고, 따라서 '시간과 공간'의 고려는 필수적이었다. 음악의 모든 요소들을 극한으로 밀어붙여 자신만의 고유한 시공간을 구성하고 장악하려는 기획은 이론적으로는 '총체예술Gesamtkunstwerk'로 나아갔고 실천적으로는 자신이 직접 설계한 '바이로이트 극장'으로 나아갔다. 바렌보임은 바그너가 자신의 음악적 사상을 발전시키는 데 자신의 편협한 인종주의를 도입할 수 없었다고 해석한다. 바그너가 음악을 통해 반유대주의를 표현하고자 했다면 자신의 에세이에서 그랬던 것처럼 오페라에도 유대인 혐오 가사를 담았을 것이라고 바렌보임은 주장한다(아도르노는 반유대주의 혐의를 일부 바그너의 오페라에서 찾아냈지만, 바렌보임은 그러한 해석이 지나치다고 본다).

　사이드는 바그너가 추구한 집단의식을 예로 들면서, 이를테면 바그너의 오페라들이 노골적으로 길드, 기사도, 독일적 예술을 옹호했다는 점을 지적하면서, 그의 음악적 사상이 독일 민족주의를 구현하지 않느냐고 반문한다. 여기서 드러나는 것이 바로 '역설'이다. 음악적 전통 안에서의 자기 갱신과 비타협적 정신이 오히려 정치적으로는 보수주의로 흘렀다는 것이다. 사이드의 바그너 비판은 수전 손택의 레니 리펜슈탈 비판을 연상시킨다. 손택에 따르면 리펜슈탈의 영화와 나치즘을 분리하는 것은 오류이다. 손택은 리펜슈탈의 작업들, 특히 나치즘과 직접적 관련이 없는 작업을 꼼꼼히 분석하여 그 안에 내재하는 파시즘적 요소들을 끄집어낸다. 그러나 손택과 달리 사이드는 바그너를 보다 포괄적인 맥락, 즉 바그너가 처한 당대의 음악사적 흐름과 사회적 변화에 정초한다. 사이드에 따르면 바그너의 음악은 고전주의와 낭만주의 모두를 극복하기 위한 노력이었으며, 거기에는 종교적 전통과 인본주의 모두를 극복하고 파괴된 공동체를 새로이 정립하려는 시대정신이 담겨 있다.

그런 의미에서 바그너의 총체예술, 즉 물리적인 시공간을 채우는 음악-소리를 통해 공동체를 재현하려는 기획은 반유대주의와 나치즘에만 국한되지 않는다. 1958년 브뤼셀 엑스포에서 르코르뷔지에Le Corbusier와 에드가르 바레즈Edgard Varèse가 시연한 '전자시Poème électronique'는 형식적으로는 아방가르디즘의 전형을 보여준다. 르코르뷔지에는 바그너가 바이로이트 극장을 지은 것처럼 필립스관Philips Pavilion이라는 공간을 지었고 바그너가 오페라를 통해 했던 것처럼 세심하게 계획된 소리를 통해 관객의 감각을 통제하려고 했다. 무엇보다 르코르뷔지에는 필립스관에 들어와 전자시 작품을 경험하는 관객들이 새로운 공동체와 접속되기를 소망했다. 천재성과 자율성의 표현으로서 예술적 비판critique이 궁극적으로는 개인에 대한 통제와 집단에 대한 숭배로 나아간다는 점은 참으로 역설적인 것이다.

바그너에 대한 의견 차이에도 불구하고 사이드와 바렌보임은 예술이 투쟁이자 모험으로서 시대에 대한 비판을 수행한다는 점에 공감한다. 그러나 이는 단순히 예술가가 사회적 의식과 정치적 사상을 갖는다는 뜻이 아니다. 예를 들어 그들은 베토벤의 교향곡 4번에서의 B플랫 음과 G플랫 음의 관계에 대해 이야기한다. 바렌보임에 따르면 전자가 기본 조성이라면 후자는 새로운 가능성을 보여준다. 이 음악은 혼돈과 질서, 실향과 귀향을 동시에 보여주며 이렇게 말한다. "실례지만, 바로 이것이 인간의 삶입니다." 사이드 또한 베토벤이 자신의 음악을 통해 인간의 해방과 구원을 추구했으며 그것이 그만의 고유한 투쟁이었음을 강조한다.

이 점에서 사이드와 바렌보임은 정격성authenticity에 집착하는 최근의 흐름과 분명한 선을 긋는다. 본래 악보에 충실하기, 과거에 연주되던 방식을 반복하기 등의 태도로 나타나는 정격성에 대한 집착은, 음악이 처한 시대적 한계 속에서 그것을 극복하기 위해 수행한 투쟁이라는 사실을 간과한다. 음악은, 특히 위대한 음악은 관객들에게 충격을 선사한다. 이 충격은 베토벤의 경우, 소리가 야기하는 충격, 즉 기성의 화성 질서를 거부하고 새로운 소리를 도입할 때 관객들이 느끼는 충격을 뜻한다. 따라서 바렌보임은 이미 조성이 사라진 현대에 베토벤이 야기했던 충격을 다시금 반복하는 것은 불가능하다고 주장한다. 사이드 또한 정격성의 고수가 내포한 엘리트주의와 서구 우월주의를 경계한다. 문학의 경우, 그리스 고전으로 돌아가야 한다는 식의 주장은 한편으로는 서구인의 과거를 보편화하는 배타적 특권을 설정하며, 다른 한편으로는 현대에 부상한 여성 문학, 흑인 문학, 소수 민족 문학에 대한 배제를 내포한다.

이렇듯 『평행과 역설』에서 사이드와 바렌보임은 전투적인 동시대주의를 공유하며 대화를 이어간다. 그럼에도 그들의 대화에는 비극적인 분위기가 짙게 배어 있다. 이들은 음악이 처한 동시대의 지위를 냉철하게 인식한다. 이들에 따르면 현대의 음악은 과거의 권위를 잃어버리고 전문적 기예와 상업적 도구로 전락해버렸다. 이들은 연주자들이 전체 악보를 보지 않고 자신이 연주하는 부분에만 집중하는 시류를 개탄하면서 음악과 삶의 거리가 가까웠던 시대, 예술에 전적으로 헌신하면서, 오로지 예술가로 살면서, 타협하지 않고 굴복하지 않으면서, 인간과 삶에 대한 진실을 드러낼 수 있었던 시대를 그리워한다.

이들에게 음악은 소리였다. 침묵 속에서 태어나 침묵 속으로 사라지는 삶이자 죽음이었다. 이제 우리는 소리가 점차 희미해지는 시대에 살고 있다. 우리가 듣는 대부분의 소리는 소음이거나 복제되고 재생되는 인공음이다. 결국 소리가 사라지면 침묵도 사라질 것이다. 진정으로 음악을 사랑하는 이는 이 말이 무슨 뜻인지 알 것이다. 예상하건대 연주가 시작되기 전의 고요 속에서, 분명 이미 알고 있다고 생각하는 음악이 도대체 어떻게 재탄생할 것인지 도무지 모르겠다는 신비감에 사로잡혀본 적 있는 사람은, 사이드와 바렌보임처럼 고전주의자이자 동시대주의자일 것이다. 당신이 그런 사람이라면,『평행과 역설』을 반드시 읽어야 할 것이다.

천 재

예술적 천재를 해명하는
사회학적 탐구

『모차르트, 사회적 초상』

노르베르트 엘리아스 지음, 박미애 옮김,
포노, 2018

사회학에도 수학에서와 비슷한 이른바 '난제들'이 있다면, 아마도 '예술적 천재'가 첫손가락에 꼽힐 것이다. 사회학은 사회세계의 모든 것이 사회적으로 구성된다고 믿는 학문이다. 그 '모든 것'에는 당연히 예술도 들어간다. 그런데 우리는 종종 그런 믿음을 송두리째 부정하는 듯한 예외를 만난다. 너무도 어린 나이에서부터 더없이 출중한 역량을 드러내는 예술가, 종종 불행과 요절로 끝나버리는 그의 비극적 운명, 그리고 그가 만들어낸 아름답고 감동적인 예술작품. 이러한 사회적 사실들의 존재는 사회학의 공리를 근본적으로 뒤흔든다. '예술적 천재'의 해명이 사회학자에게 가장 어려운 지적 도전으로 다가갈 수밖에 없는 것도 그 때문이다. 노르베르트 엘리아스(1897~1990)가 쓴『모차르트, 사회적 초상』(참고로, 원서의 제목은 '모차르트, 천재의 사회학Mozart. Zur Soziologie eines Genies'이다)은 이 난감한 문제를 마주한 사회학자가 과연 스스로 얼마나 멀리까지 갈 수 있는지 시험하고 있는 책처럼 보인다.

모차르트(1756~1791)는 '신의 총아'(Amadeus)라는 중간이름이 암시하듯, 당대에는 물론 지금까지도 '예술적 천재'의 대명사처럼 여겨지는 음악가다. 그런데 이 '신동'에게 사회학적 렌즈를 들이대 보겠다고 덤벼든 엘리아스 역시 결코 만만한 상대는 아니다.『문명화과정』,『궁정사회』,『개인들의 사회Die Gesellschaft der Individuen』,『사회학이란 무엇인가』등 사회사와 사회 이론을 넘나드는 다수의 역작을 내놓은 그는 20세기가 낳은 가장 탁월한 사회학자 가운데 한 명으로 평가받는다. 엘리아스는 아우슈비츠 수용소에서 부모를 잃고 평생 독신으로 독일, 프랑스, 영국, 가나, 네덜란드 등지를 떠돌며 가르치고 연구하는 디아스포라 지식인으로 살았다.『모차르트, 사회적 초상』은 이 사회학의 거장이 생애 끝자락에 남긴 미완의 유작이다. 1980년 즈음 엘리아스는 '궁정사회 속의 시민예술가'라는 커다란 기획 아래 부정기적으로 모차르트 연구에 매달렸지만 결국 원고를 완성하지 못한 채 1990년 타계했다. 책은 그 이듬해 편집자 미하엘 슈뢰터가 집필용 초안, 강연 원고, 계획과 메모 등을 엮고 정리한 형태로 출간되었다. 하지만 형식적 완결성이 떨어진다고 해서 이 책에 담긴 내용마저 모호하거나 부실한 것은 아니다. 엘리아스의 질문은 선명하고, 접근은 체계적이다. 그는 "내재적으로 발전하는 천재 예술가"라는, 음악 전문가들이 고안해낸 "자동인형"을 거부하고 천재는 "하나의 사회적 사실"이라고 주장하면서, 모차르트라는 인간의 "음악적 재능"과 "삶의 비극"이 어디에서 비롯했는지 묻는다. 그리고는 그 대답을 찾기 위해 서로 연결된 세 층위에 대한 사회학적 분석을 수행한다. 모차르트의 '음악적 사회화'와 '인격 구조', 그리고 그가 살았던 시대의 '예술 생산 체제'가 그것이다.

우선 엘리아스는 모차르트의 예술적 역량이 무엇보다도 아버지 레오폴트의 강한 교육열과 철저한 전통적 훈련의 산물이었다는 점을 강조한다. 사람마다 타고나는 생물학적 능력 차이야 없지 않겠지만, 그것은 넓은 의미의 일반적인 소질일 뿐, 소나타나 교향곡 같은 음악을 힘들이지 않고 작곡하게 해주는 구체적 동력은 될 수 없다. 더욱이 어린 시절 씨앗 상태에 불과한 생물학적 자질은 사회적인 환경 속에서만 싹을 틔우고 자라난다. 궁정음악가였던 레오폴트는 유달리 청각이 예민하고 이해력이 비상했던 아들 볼프강을 일찍부터 열성적으로 가르쳤다. 자신이 미처 이루지 못한 성공의 꿈을 아들이 실현해주기를 바랐기 때문이다. 그리하여 모차르트는 세 살부터 여섯 살 때까지 아버지의 지도 아래 당시 대표적인 독일 음악가들의 곡을 섭렵했고, 여섯 살 때부터는 십 년에 걸쳐 세 차례의 유럽 순회 연주 여행을 가졌다. 이 기회에 그는 뮌헨, 파리, 런던, 빈, 이탈리아 일대를 돌면서 유명한 음악가들을 직접 만나고 새로운 사조를 배우는 등 당대 음악계에 대한 폭넓은 교양과 견문을 쌓을 수 있었다. 세 살 때 클라비어 연주를 터득하고 다섯 살 때 〈피아노를 위한 미뉴엣 G장조〉 등 여섯 곡을 지었으며 열한 살에 최초의 오페라를 작곡했다는 모차르트의 '천재성'은, 엘리아스가 보기에는, 사실 팔할 이상이 집중적인 '조기 교육'의 힘이었던 셈이다.

엘리아스는 이러한 음악적 재능의 '발생' 과정을 서간집 같은 전기적 자료와 다양한 이차 문헌을 통해 생생하게 되살린다. 그는 특히 모차르트의 인격 구조가 사회화 과정 속에서 어떻게 형성되었고 어떤 특징을 갖게 되었는지 분석하는 데 각별한 관심을 기울인다. 그 인격 구조가 모차르트의 불운했던 삶을 설명하는 주요인이라고 가정하기 때문이다. 엘리아스가 부각시키는 모차르트의 지배적인 성격 특징은 타인의 애정에 대한 갈구, 그리고 강한 자존감이다. 아마도 전자는 누이와 경쟁하며 권위적인 아버지의 인정을 얻고자 노력했던 가족 관계의 테두리 안에서, 그리고 후자는 가는 곳마다 커다란 환영과 갈채를 받았던 유럽 순회 연주 여행을 통해 길러진 것처럼 보인다. 이러한 성격 특징은 모차르트가 애정 결핍과 인정 욕구에 끊임없이 시달리면서도, 작곡가이자 명연주자로서 자기의 존재 가치에 확고한 자신감을 가지고 궁정사회의 속박을 거부하는 이중적 태도를 갖도록 이끌었다.

엘리아스가 주목하는 것은 모차르트의 인격 구조가 당시 사회 구조 속에서 합당하게 받아들여질 수 없었다는 점이다. 그는 잘츠부르크의 궁정음악가로 살면서도 아버지가 순종했던 대주교의 권위에 반발했고 궁정사회의 행동 규범을 따르지 않았다. 문제는 그러한 모차르트의 처신이 그의 고용주에게 건방지고 버릇없는 것으로 여겨졌다는 사실이다. 모차르트는 유치하고 천박한 농담을 즐겨했으며, 붙임성이 없었고 고분고분하지도 않았다. 그런데 당시 잘츠부르크 영주였던 콜로레도 대주교는 모차르트가 복종하길 원했다. 영주의 입장에서 궁정음악가는 아무리 대단한 재능의 소유자라고 하더라도 근본적으로 시종이나 요리사 같은 신하에 지나지 않았다. 하지만 모차르트는 고용주의 기대를 배반하고 제멋대로 굴었으며 자기의 재능에 대해 오만했다. 불행하게도 그는 말 그대로 '궁정사회 속의 시민예술가'였다. 그가 속한 시민계급과 궁정귀족 간의 사회적 거리는 한참 멀었던 반면, 궁정음악가라는 직위상 실제 생활이 이루어지는 공간적 거리는 너무 가까웠다. 게다가 지나칠 정도로 격식을 따졌던 궁정사회의 공식적 예의범절과 대조적으로, 시민계급의 행동거지는 아주 직설적이고 자유분방했음을 잊지 말아야 한다. 이러한 상황에서 모차르트의 부적절한 행태는 더욱 튀어 보일 수밖에 없었고, 궁정귀족과의 관계는 일상적인 갈등과 불화의 원천이 되었다.

사실 모차르트가 활동했던 18세기 중후반은 유럽에서 귀족계급의 정치경제적 지배력이 쇠락하는 한편, 그렇다고 해서 시민계급이 확실한 주도권을 잡지도 못했던 과도기였다. 이 시기는 또 예술 생산의 중심 축이 '장인匠人예술'에서 '예인藝人예술'로 넘어가는 이행기였다. '장인예술'이 제후, 귀족 등의 주문이나 위촉에 따라 '중간급 고용인'인 예술가가 재정적 후원자들의 기호에 맞춘 작품을 생산하는 체제라면, '예인예술'은 시장의 불특정 다수를 상대로 예술가의 취향을 드러내는 판매용 작품을 생산하는 체제라 할 수 있다. 모차르트의 시대에는 시민계급이 예술의 새로운 소비자 집단으로 부상하고 자유 시장이 형성되면서 예인예술이 발전하고 있었다. 그런데 문제는 예술 분야에 따라 변화의 정도 차가 있었다는 점이다. 예컨대, 문학의 경우 18세기 후반 교양 있는 시민계급이 독일어 서적을 활발히 구매하면서 출판업자와 자유문필가 집단 또한 성장할 수 있었다. 반면 음악의 경우에는 아직 공연 시장이라든지 악보 출판 시장이 제대로 발달하지 않은 상태였고, 이는 모차르트를 '궁정사회 속의 시민예술가'로 묶어두는 강력한 굴레로 작용했다.

모차르트는 특유의 거침없는 기질과 강한 예술적 자부심에 힘입어 자유로운 전업 음악가로 살고자 했다. 이러한 그의 의지는 자신이 봉직하던 잘츠부르크궁을 떠나 유럽의 다른 도시들에서 일자리를 구하려는 시도로 구체화되었다. 우여곡절 끝에 그는 빈에 정착하지만, 음악 관련 시장이 제대로 발전하지 않은 상황에서 그곳 생활도 경제적으로나 정서적으로 상당히 불안정할 수밖에 없었다. 마침내 모차르트는 사치와 방탕, 심한 감정적 기복과 불안 속에서 우리가 잘 알고 있는 몰락을 향해 나아간다. 음악가가 유료 연주회와 악보 출판, 개인 교습 등의 새로운 재원을 기반으로 자유예술가로서 성공을 거둘 수 있게 되는 것은 모차르트보다 14년 늦게 태어난 베토벤(1770~1827) 시대부터의 일인 것이다.

모차르트는 위대한 창작자가 흔히 그렇듯, 당대 음악계의 전통적 규준과 기법에 능통했다. 하지만 그는 후원자들이 원하는 대로만 작품을 만들지는 않았으며, 때로는 청중의 이해력을 넘어서는 수준으로까지 개인적인 환상을 기존 규범의 테두리 안에서 최대한 밀어붙였다. 여기엔 예술적 혁신의 욕구 못지않게 궁정귀족에 대한 반감 또한 한몫했을 것이다. 그 성과는 빈 초기 시절에 작곡한 오페라 〈후궁으로부터의 유괴〉라든지, 반反귀족적인 내용의 〈피가로의 결혼〉, 〈돈 조반니〉 등에 잘 나타나 있다. 엘리아스에 따르면, 창작은 이처럼 예술가가 자신의 리비도가 자아낸 개인적 환상을 승화시키는 작업이다. 예술가는 표현 재료에 대한 포괄적인 지식과 예술적 규범 및 판단력을 기반으로 자신의 꿈, 소망, 충동, 환상을 제3자와 소통 가능하도록 적절히 전환한다. 이러한 개인적인 동시에 사회적인 과정을 매개로 해서만 예술작품이라는 "탈개인화된 환상"이 탄생하는 것이다.

모차르트의 사례에 대한 엘리아스의 사회학적 탐구는 '예술적 천재'라는 난제를 충분히 설득력 있게 풀어낸 것일까? 이에 대해서는 읽는 이마다 평가가 다를 수 있겠다. 다만 분명한 것은 『모차르트, 사회적 초상』에 사회학적 문제 풀이의 효용만 있지는 않다는 점이다. 엘리아스에 따르면, 이 책의 진짜 목표는 "천재를 해체하거나 환원하는 것이 아니라 그의 인간적 상황을 이해할 수 있도록" 하는 데 있다. 예술사에서 가장 강렬한 신동의 얼굴로 각인된 이 음악가를 그가 살았던 사회상 속에 적절히 자리매김함으로써 우리가 그의 음악에 담긴 감성과 깊이를 더 잘 들여다볼 수 있다고 믿기 때문일 것이다.『모차르트, 사회적 초상』은 우리에게 사회학자의 믿음이 결코 틀리지 않았음을 일깨워준다.

독보적 예술가를 대하는
공동체의 속죄

『반 고흐 효과』

나탈리 에니크 지음, 이세진 옮김,
아트북스, 2006

'그놈의 인기'는 식을 줄을 모른다. 화가 반 고흐(1853~1890)의
이야기다. 그만큼이나 우리 머릿속에 선명한 인상이 남아 있
는 작가도 드물고, 그의 그림들만큼이나 우리 일상 속에 친숙
하게 널려 있는 작품도 흔치 않을 것이다. 〈해바라기〉, 〈붓꽃
〉, 〈별이 빛나는 밤〉, 〈밤의 카페 테라스〉 등 그의 숱한 걸작은
미술관의 하얀 벽을 벗어나 엽서, 포스터, 티셔츠, 에코백, 장
식용 걸개, 심지어 지그소 퍼즐에까지 파고든 지 오래다. 고흐
는 영화, 노래, 광고 등 대중문화의 단골 소재이기도 하다. 2
차 세계대전 이후 약 50년간 고흐와 관련해 제작된 극영화와
다큐멘터리가 80여 편이라는 통계도 있다. 최근의 가장 인상

적인 예로는 단연 〈러빙 빈센트〉를 들 수 있을 것이다. 2017년 개봉한 이 애니메이션은 10년의 제작 기간에 걸쳐 20개국 출신의 화가 100여 명이 그린 6만 2천여 장의 고흐 풍 유화 프레임으로 만들어졌다. 참여 화가들을 선발하는 오디션에 몰려든 이들만 4천 명에 달했다고 하니, 고흐의 인기는 예술가들 사이에서도 드높은 듯싶다. 생전에 단 한 점의 작품을, 그나마도 헐값에야 팔 수 있었던 이 불운한 화가를 둘러싼 후대의 이토록 뜨거운 열정은 가히 '숭배'라고 부른다 해도 그리 어색하지 않을 터이다. 이 흥미로운 사회적 현상은 대체 어떻게 생겨났으며, 또 어떤 의미를 지니는 것일까?

『반 고흐 효과: 무명 화가에서 문화 아이콘으로』는 바로 이러한 질문을 다룬다. 1992년 프랑스에서 나온 책의 원제는 '반 고흐의 영광, 숭배의 인류학에 관한 에세이La Gloire de Van Gogh. Essai d'anthropologie de l'admiration'로 좀 더 딱딱하지만, 저자가 이론적으로 의도하는 바를 분명하게 보여준다는 장점이 있다. 저자인 나탈리 에니크는 1955년생으로 『예술가로 살기Être Artiste: Les Transformations Du Statut Des Peintres Et Des Sculpteur』, 『예술가 엘리트L'élite artiste. Excellence et singularité en régime démocratique』, 『동시대 예술의 패러다임Le paradigme de l'art contemporain. Structures d'une révolution artistique』 등 예술사회학 분야의 저서뿐만 아니라, 가치, 정체성 등의 문제에 관한 사회철학적 연구로도 유명하다. 원래 피에르 부르디외의 제자로 학자 경력을 시작한 그는 선생과 학문적으로 점점 거리를 두면서 자기만의 독자적인 예술사회학을 구축해가는

데, 이 과정에서 독일 사회학자 노르베르트 엘리아스의 영향을 많이 받았다. 『반 고흐 효과』에서도 그러한 흔적은 여실히 드러난다. 에니크는 '고흐 숭배'의 형성 과정에 대해 역사인류학적 시각에서의 경험연구를 시도하는데, 이를 위해 고흐 관련 비평문, 전기, 도록, 서간집 등 다양한 문헌 자료를 분석하는 한편 각종 통계를 작성하고 직접 참여관찰을 수행하기도 한다.

이 책에서 먼저 시선을 끄는 부분은 비평문들의 꼼꼼한 검토를 통해 반 고흐에 대한 통념에 의문을 제기하는 대목이다. 그는 정말 평론가들에게 오랫동안 외면당한 '저주받은' 화가였을까? 에니크는 고흐가 37세의 나이로 요절하기 일 년 전에 그의 인간과 작품을 상찬한 평문이 하나 나왔다는 사실에서부터 논의를 시작한다. 조르주 알베르 오리에라는 젊은 평론가가 쓴 이 글은 고흐라는 인간과 작품 전체를 각별히 상찬함으로써, 이후 이어질 비평 담론의 원형을 제공했다. 에니크에 따르면, 이 텍스트는 일단 고흐에 대한 기존 평단의 침묵을 깨고 해석을 개시했다는 점에서 의미심장하다. 게다가 오리에의 비평에는 여러 가지 판돈이 걸려 있었다. 즉 이 신진 평론가는 당시 미술계에서 치열했던 '전통 대 근대'라는 대립 구도에서 고흐를 기치로 근대성의 편에 서고자 했다. 이는 아카데미의 도제 수업이 재생산하는 공통 가치에 반대하면서 개인적인 창작 행위를 통한 새롭고 희소한 가치를 지지하는 일이자, 정치적으로는 부르주아지에 맞서면서 소수자인 예술가와 민중을 지지하는 일이었다. 에니크는 오리에가 고흐에게, 예술적이며 사회적인 차원에서 예언자의 역할을 투사했다고 본다. 정작 고흐 자신은 불편해하며 거부했던 오리에의 문학적이고 수사학적인 평문은 고흐 사후에 잇따라 호의적인 비평들을 낳는 계기를 마련했다.

　에니크가 보기에, 고흐가 고작 10여 년의 짧은 작가 경력을 가졌고, 때 이른 죽음을 맞았으며, 그의 작품이 전통으로부터 일탈해 있었다는 특성을 고려하면 비평가들로부터 결코 늦게 인정받았다고 말할 수는 없다. 이 화가를 발굴해낸 비평가들은 그의 그림과 인간(이력 및 전기)이 드러내는 독창성을 강조하고, 그의 이름 위에서 전체 작품의 성격을 규정하며 그것을 다시 예술사 안에서 조망하기에 이른다. 이로써 폭넓은 해석학의 공간이 열린다. 고흐는 이제 미학과 예술비평은 물론 심리학, 사회학, 정신의학, 정신분석 등의 대상으로 떠오른다. 그런데 해석학의 작업은 풀어야 할 어떤 수수께끼가 우연이나 가짜가 아니라는 점을 보장해야 한다. 이는 창조적 영감의 내면성, 작품의 보편성, 재능의 지속성 등으로 이루어지는 이른바 '진정성' 확립의 과정을 수반한다. 이렇게 해서 고흐의 삶과 작품은 신비, 광기, 천재성, 창조성 등 다양한 수수께끼에 대한 해석학의 대상으로 나타나고, 그 시공간은 전문가들의 소세계로부터 광범위한 대중, 그리고 미래의 세대에까지 확장된다.

　에니크는 고흐에 대한 전문가 집단의 인정이 아주 뒤늦은 것도 미약한 것도 아니었다는 전제 아래, 그러한 사실과는 달리 '대중의 몰이해'라는 모티브가 사람들 사이에서 강화되고 심지어 과장되었음을 그는 지적한다. 그는 과연 그 이유가 무엇일지 자문하면서, 고흐의 전기가 일종의 성인전聖人傳으로 변화하는 과정을 살핀다. 에니크의 분석에 의하면, 이러한 과정은 고흐 작품의 해석이 수수께끼로 정립된 후인 1920년대부터 나타났다. 고흐의 전기는 시간이 지나면서 양적으로 급증하는데, 그 내용상 다양한 성인전의 요소를 함축한다. 예컨대 소명, 금욕과 가난, 순결성, 자기희생, 은둔과 고행, 박해와 순교, 후대의 성공 등이 그렇다. 신과 종교의 자리가 사라진 근대 예술의 세계에서 전기 작가들은 성인 숭배나 영웅 찬미의 양식으로 예술가를 기념한다. 전기적 재구성은 거짓을 지어내지는 않더라도, 무언가 가필하고 삭제하고 시위하고 강조한다. 그리하여 고흐 작품의 핵심 열쇠로 '몰이해'와 '독창성'이 부상했다면, 고흐 생애의 주요 모티브로는 '희생'과 '개별성'이 대두한다.

　　고흐 전기의 성인전으로의 전환은 생전에 '일탈자'로 여겨졌던 반 고흐가 사후에 '혁신자'로 새롭게 이해되면서 이루어지는 사회적 화해를 상징한다. 나아가 그것은 뛰어난 화가의 자질을 탁월한 예술가의 생애와 결부시키면서, 작품성뿐만 아니라 삶의 귀감으로 대중에게 사랑받는 예술가를 형상화한다. 여기에는 고흐가 작품에서만 '저주받은' 것이 아니라, 한 인간으로서 희생당했다는 의미가 덧붙여진다. 이 '희생가설'은 '잘린 귀(!!)'가 상징하는 그의 '광기'를 둘러싸고 극적으로 나타나는데, 달리 말하면 그는 예술과 창작을 위해 자신을 희생했다는 것이다. '광기 가설'이 그를 인류 공동체에서 추방한다면, '희생 가설'은 그를 우리 전체의 영웅으로 격상시키며 공동체로 다시 편입시킨다. 고흐의 자살은 이러한 두 가설의 접점이자 정점에 놓인다. 예술이라는 공공선에 이바지하기 위해 이 예술가가 치른 대가는, 공동체의 관점에서 보면, 빚에 해당한다. 그 빚은 작품이 위대하고 희생이 극단적인 만큼 더욱 과중하게 느껴질 수밖에 없다. 이렇게 해서 빚은 끝없는 죄의식으로 변화한다. 과거의 우리가 범했던 '몰이해'는 이제 집단적 '과오'로 인식되며, 현재의 우리는 그 잘못을 만회하기 위한 기나긴 대속의 여정에 나선다.

위대하기 때문에 불행했고, 불행했기에 위대한, 한마디로 작품과 생애가 마침내 순환 논리에 들어선 이 독보적 예술가에 대한 공동체의 속죄는 어떻게 이루어질까? 에니크는 우리가 일상에서 경험하는 다양한 '고흐 숭배' 현상에서 그 구체적인 모습을 본다. 뉴욕의 소더비나 런던의 크리스티 경매에서 엄청난 고가에 이루어지는 작품 거래, 그리고 이를 뒷받침하는 비평의 교환은 채무 변제의 화려한 스펙터클이다. 1980년대 말 〈해바라기〉는 3,630만 달러, 〈붓꽃〉은 5,390만 달러, 〈가셰 박사의 초상〉은 8,250만 달러에 각각 팔려나갔다. 하지만 사회가 예술가의 위대성을 알아보지 못한 불의를 반드시 경제적으로만 보상하는 것은 아니다. 에니크는 이미지에 대한 관람의 행렬, 몸으로 참여하는 순례의 행렬 속에서 가장 세속적이고 일반화된 속죄의 수단을 발견한다. 반 고흐 전시회와 미술관에서 '감상의 욕망'은 '관람의 의무'로 변모하고, 미학은 어느새 윤리학으로 이행한다. 작품의 관람은 존경과 찬미의 표현 형식으로서, 예술가가 과거에 겪었던 냉대와 무관심에 대한 보상의 의미를 띤다. 아를르나 생-레미, 오베스-쉬르-우와즈에서 고흐가 머물렀던 집이나 혹은 그가 묻힌 묘지를 방문하고 참배하는 순례객들은 동일한 대상에 대한 사랑을 통해 공동체의 결속을 강화하는 예술가-성인의 힘을 입증한다. 그런데 에니크가 보기에 역설적인 것은 오늘날 이루어지는 사소한 변제 행위가 우리가 이미 진 빚과의 격차를 좁히기는커녕 점점 더 벌린다는 점이다. 작품이 초고가에 팔리고 각광을 받을수록, 또 수많은 이들이 기념 의례에 참여할수록 예술가가 당대에 감내한 몰이해와 희생은 한층 더 부당하게 다가오기 때문이다.

『반 고흐 효과』에서 에니크는 예술사와 예술비평, 종교학, 인류학, 사회학을 넘나들며 한 세기에 걸쳐 형성된 '고흐 현상'의 특수성을 상세하게 해부한다. 그의 논의는 이것만으로도 충분히 흥미롭지만, 그렇다고 여기서 그치는 것은 아니다. 에니크에게 고흐의 사례가 특히 중요하다면, 바로 근대 예술의 패러다임을 열었기 때문이다. 사회학자는 예술 개념과 예술가의 정체성, 예술작품의 가치를 이해하는 새로운 방식으로서의 이 패러다임에 '독보성의 체제régime de singularité'라는 이름을 붙인다. 이 체제는 작품보다 예술가 개인 중심으로 예술의 가치를 조명하고, 관객이 공유하는 통상적인 미의 규준보다는 창작자의 독창적인 메시지를 강조한다. 그것은 또한 정상성보다 비정상성에 주목하고, 성공 아닌 몰이해를 중시하며, 가치의 축을 현재에서 미래로 이동시킨다. 에니크에 따르면, 반 고흐 현상은 예술계가 이러한 체제에 진입했음을 알려주는 단적인 지표이다. 오늘날 이 체제는 비단 미술만이 아닌 문학, 음악, 무용 등 다른 예술 세계들에서도 여전히 힘을 발휘하고 있다. "일탈, 혁신, 화해, 순례는 분명히 공동체가 독보적 존재를 받아들이고 이해하는 주요한 계기들이다. 공동체는 빚과 증여를 통해 그 독보적 존재와 연결되고, 그 존재에 힘입어 구원의 대속자를 향한 죄책감을 공유하며 서로 결속한다." 에니크는 반 고흐가 이제 전 세계적인 문화유산이며, 우리가 이 유산의 상속을 비판할 수는 있지만 피할 수는 없다고 말한다. 어쩌면 그는 '독보성의 체제'야말로 고흐가 남긴 가장 큰 무형의 유산이라고 덧붙이고 싶었을지도 모른다.

애호

어느 인류학자의
예술을 향한 애증

『레비스트로스의 말』

클로드 레비스트로스·조르주 샤르보니에 지음,
류재화 옮김, 마음산책, 2016

사회학자가 예술에 대해 이야기하는 경우는 드물 뿐만 아니라, 예술 자체보다는 예술을 둘러싼 환경과 예술의 상호작용에 집중하는 경우가 많다. 예컨대 예술사회학자들은 예술을 예술로 만드는 사회적 제도나 예술이 지배 구조와 상관하는 양상을 주요 관심사로 삼는다. 대표적인 예술사회학자인 피에르 부르디외는 플로베르의 『감정교육』을 예술을 둘러싼 지위 투쟁이라는 관점에서 일종의 계급 서사로 분석하였다. 자신이 예술가이기도 했던 하워드 베커의 경우에도 예술 자체보다는 예술 세계 내부의 집합적 다이내믹을 직업사회학이라는 관점에서 분석하였다.

이런 이유로 사회과학자들의 예술론에 대해서는 회의적인 시각이 팽배하다. 이 회의론을 거칠게 요약하자면 다음과 같다. "예술에 대해 쥐뿔도 모르면서 변죽만 때리고 예술을 사회에 예속된 대상물 정도로 파악한다." 사회학자들에게 예술 자체는 일종의 블랙박스이다. 특히 현대 예술은 어떤 규칙이나 지침도 거부하며 스스로의 정당성을 주장하기에, 과학이라는 잣대를 그 안에 들이밀기가 쉽지 않다.

아마도 이러한 예술의 특징을 잘 포착한 사회학자는 니클라스 루만일 것이다. 그는 예술을 "메타 프로그램이 없는", "자기 프로그래밍"의 체계라고 부른다. 루만은 사이버네틱스적인 체계 이론의 어법을 구사하며, 예술을 자기 참조를 통해 계산 불가능한 세계 모형을 제시하는 독특한 커뮤니케이션이라고 정의한다. 루만의 이론은 악명 높다. 지나치게 추상성이 높을뿐더러 온갖 사변과 개념어들이 득실거려 가독성이 매우 낮다. 루만의 『예술체계이론』을 끝까지 완독한 사람은 한국에 다섯 명 이내일 것이란 농담이 있을 정도다. 독자들은 사회과학자들의 예술론을 접하면 이런 생각이 들 수도 있다. '지나치게 단순하거나 지나치게 복잡하구나. 왜 중간은 없는가?'

인류학자 클로드 레비스트로스는 그 중간의 예술론을 제시하는 몇 안 되는 사회과학자일 수 있다. 그의 저작들은 늘 예술론을 포함한다. 특히 원시 사회와 현대 사회를 비교하여, 예술의 속성과 변화 양상을 부각시킨다. 인류학자로서, 레비스트로스는 사람들이 사물을 대하고, 그 사물을 예술적 표현의 재료로 취급하는 데 관심을 갖는다. 원시 예술이건 현대 예술이건, 예술은 사물로부터 어떤 요소들을 추출하여, 그 요소들을 조합하고 배열함으로써 의미를 전달하는 커뮤니케이션이다. 기존의 사회과학자들과 달리 레비스트로스는 예술 내부를 들여다본다. 레비스트로스는 예술 안에서 이루어지는 상징의 구축과 의미의 표현에 주목하며, 그러한 예술적 커뮤니케이션이 인간과 사회의 본성과 변화에 시사하는 바를 탐구한다.

레비스트로스는 『야생의 사고』에서 예술가를 "손재주꾼", 즉 "사건들의 잔재", "사물들"을 이용하여 "개성과 인생"을 이야기하는 존재라고 정의한다. 예술은 사건으로부터 출발하여 구조를 인식하고 의미화하는 특성을 갖는다. 그는 감상자들의 경험 또한 강조한다. 레비스트로스는 예술에 고유한 "구조적 질서와 사건의 질서 간의 결합"에서 감상자의 "미적 감동"이 발생한다고 주장한다. 감상자들의 예술적 경험에 대한 레비스트로스의 관심 또한 대부분의 사회과학자들이 놓치고 있는 점이다. 레비스트로스에 따르면 예술은 고유한 의미화를 통해 정서적 고양을 제공한다. 이러한 정서적 고양, 즉 감동은 사물 그 자체에는 없던 질서가 사물의 형상화를 통해 발생할 때, 그것을 감상자가 발견할 때 가능하다.

레비스트로스는 "어떠한 분류도 혼돈보다는 낫다"라고 『야생의 사고』에서 주장한다. 혼돈을 줄이고 분류를 통해 질서를 부여하는 주요 장치는 신화와 과학이다. 예술도 이와 비슷하다. 다만 신화와 과학이 이미 주어진 구조로부터 연역적으로 질서를 인식하고 판단하게 한다면, 예술은 사건과 사물로부터 구조를 인식하고 판단하게 한다. 어쩌면 예술자와 감상자는 무의미로부터 의미를 발명하고 발견하는 과정에서 정서적 충만감을 느끼는지도 모른다. 예술은 기본적으로 분류 체계이다. 다만 그 분류 체계가 외부로부터 주어지는 것이 아니라 내부로부터 나타나고 감각되게 하는 것이 예술의 고유한 특징인 것이다.

　　레비스트로스는 주요 저작에서 간헐적이고 부분적으로 예술에 관해 언급한다. 본격적으로 자신의 예술론을 체계화한 저서는『보다 듣다 읽다』이다. 이 책에서 레비스트로스는 자신이 아끼는 예술가들 ― 예를 들어 푸생 ― 의 작품들을 꼼꼼히 분석하며 자신의 예술론을 펼치고 있다. 레비스트로스의 또 다른 대표적 예술론으로 손꼽히는 책은 미술이론가인 조르주 샤르보니에와의 대담집인『레비스트로스의 말: 원시와 현대 예술에 관한 인터뷰』이다. 이 책에서 레비스트로스는 샤르보니에와 비교적 자유로운 대화를 나누면서 예술에 대한 호오를 보다 분명히 드러낸다. 레비스트로스가 이 책에서 보이는 예술에 대한 입장은 어느 책보다도 강경하고 또 그만큼 혼란스럽다.

　　예술을 독특한 의미 작용과 커뮤니케이션으로 보는 레비스트로스는 예술이 근본적으로 우주를 이해하는 집단적 문화의 예시라고 본다. 그에게 "예술품의 개별화, 그리고 작품의 의미 기능의 약화와 상실"이라는 현대적 흐름은 그리 마땅치 않다. 특히 계급 구조가 지배하는 문명 사회에서 예술은 소수의 취향에 부응하는 소유물로 전락한다. 이로 인해 현대 예술은 세계로부터 물러나 "개인주의, 재현주의, 아카데미즘"의 자폐적 표출로 전락해버렸다. 이제 예술가들은 세계로부터 고립되어 소수의 고객들만을 상대로 하는 특수 기술의 전문가가 되어버린 것이다. 이런 이유로 레비스트로스는 예술의 자율성을 선포한 예술적 혁명의 대표격인 인상주의와 그 계승자인 추상주의를 비판한다.

　　확실히 레비스트로스의 예술관은 '표면의 자율성'을 옹호하는 클레먼트 그린버그의 모더니즘이나 '제멋대로'를 옹호하는 자크 랑시에르의 감성혁명론에 비교할 때 지극히 보수적이다. 레비스트로스는 예술가의 전문화 자체를 문제 삼기보다 전문화가 보여주는 데카당스, 즉 예술의 의미론적 기능이 담당해왔던 예술의 사회적 역할의 붕괴를 우려한다. 레비스트로스의 보수적 예술관은 최근 한국의 문화 정책을 둘러싼 예술성과 공공성의 대립 구도에서 후자를 옹호하는 것으로 보일 수 있다. 전문성과 자율성을 강조하면서 공공성의 도구가 되지 않겠다는 입장을 고수하는 예술가들의 태도는, 레비스트로스 식으로 보자면, 사회로부터 유리되어 자신을 이해해주는 소수 엘리트와 고객의 자폐적 보호막으로 움츠러드는 현대 예술가들의 개별화 과정을 보여주는 하나의 예로 보일 수 있다.

그러나 레비스트로스가 예술을 공공 정책의 도구로 임의적으로 사용할 수 있다고 주장할 리는 만무하다. 전문가가 되어버린 예술가들을 비판할 때 그가 했던 "언어 따위는 공짜니 그냥 즐기듯 하는 거지요"라는 말은, 똑같이 예술 정책 담당 공무원들에게도 적용될 수 있다. 레비스트로스는 "예술에서 언어 혹은 메시지를 발견하게 되면 예술은 더 이상 없는 것"과 같다고 주장한다. 그가 예술의 언어 의존성을 이야기할 때, 그것은 예술과 언어의 동일성을 주장하는 것이 아니다. 오히려 예술은 언어로부터 특정 요소들을 추출하여 새로운 기호 체계를 만들어 새로운 의미를 창출해낸다. 레비스트로스는 예술을 언어와 오브제 사이에 있는 언어, 혹은 "언어적 오브제"로 정의한다. 레비스트로스는 시인의 예를 들면서 그들이 제조하는 언어적 오브제의 특성을 "언어적 통합 형식과 의미론적 비통합 형식" 중간의 어떤 것이라고 주장한다. 샤르보니에는 이를 달리 표현하여 "시인은 의미를 띠게 하지 않으면서 의미를 띠게 합니다"라고 말한다. 나는 이를 다시 달리 표현한다. 시는 "무슨 말인지는 알겠는데 무슨 뜻인지 모르겠다"와 "무슨 말인지는 모르겠는데 무슨 뜻인지 알겠다" 사이에서 알 듯 모를 듯한 느낌을 독자들에게 부여한다. 독자들은 이렇듯 묘한 감정 속에서 경험하지 못했던 세계를 감각한다.

레비스트로스는 말한다. "중요한 것은 그들이 하는 것이지, 그들이 한다고 믿는 것이 아니라는 겁니다." 레비스트로스는 자신이 새로운 코드를 만들려 한다고 또 만들었다고 자부하는 예술가들을 비판한다. 그에 따르면 예술가들이 하는 것은 "자기와는 상관없이, 자기 의도와 무관하게, 그것이 언어에 다시 덧붙여진 기호 체계를 만든 셈이 되고, 다른 모든 기호 체계 옆에 존재할 수 있게 되었다는 것"이다. 즉 예술가들은 언어라는 공통의 커뮤니케이션으로부터 자유로울 수 없다. 그러나 그들은 언제나 새로운 기호들을, 언어적 오브제들을 가지고 언어 속으로 회귀한다. 그들은 언어를 저버릴 수 없다. 그러나 그들은 언어를 통상적인 방식이 아니라, 일종의 오브제로, 사물로, 돌처럼 가볍게 다룬다. 그들은 그 가벼운 돌들을 붙이고 붙여 아주 무거운 바위를 만든 다음 그것을 언어 위에 덧붙인다. 레비스트로스는 말한다. "시인은 아주 가벼운 원자들에서 시작하여 점차 무거운 원자들을 만드는 기술자처럼 언어를 대면"한다.

레비스트로스의 추상화 비판에 샤르보니에는 말한다. "추상화가 비약하듯 저에게 다가오는 정확한 순간이 있습니다......저는 추상회화가 라파엘로, 미켈란젤로가 했던 노력의 연속선상에 있다고 봅니다." 요컨대 추상화가들 역시 자신들만의 코드를 만든다고 생각하지만, 실제로는 공동체의 코드를 갱신하는 회화의 전통에 속한다는 것이다. 이에 레비스트로스는 말한다. "저도 당신처럼 생각합니다. 문제는 지난 세기 이후 회화 예술의 진화와 발전이 그림을 건설하면서 또 점진적으로 파괴하면서 이뤄졌음을 아는 것입니다. 또 이 파괴의 마지막 국면을, 지금 이 순간 우리가 목도하고 있는 건 아닌지 묻는 것입니다."

샤르보니에와 레비스트로스의 대담집은 1961년도에 발간됐다. 레비스트로스는 당시 득세하던 추상표현주의가 영 마땅치 않았던 것 같다. 그러나 1960년대 이후 진행된 예술의 다양한 의미화 실천 양상들에 대해 레비스트로스가 어떻게 반응했는지는 알 길이 없다. 분명한 것은 레비스트로스가 우려했던 회화의 파괴는 일어나지 않았다는 점이다. 포토리얼리즘은 현실을 참조했고, 팝아트는 대중문화를 참조했으며, 커뮤니티아트는 공동체를 참조하였다. 예술은 새로운 기호 체계를 구성했고, 이것들은 다시금 세계에 대한 상상과 재현에 새로운 무게를 더했다. 그렇다면 예술가들은 확실히 자신들이 생각하는 것보다 더 공동체적이다. 물론 새로운 기호 체계를 발명하는 한에서만 그들은 더 공동체적이다. 그렇지 않다면 그들은 기호의 전문가들, 아니 빚을 갚지 않는 기호의 채무자들에 불과할 것이다.

어느 역사학자의
재즈 사랑

『재즈, 평범한 사람들의 비범한 음악』

에릭 홉스봄 지음, 황덕호 옮김,
포노, 2014

자서전 『미완의 시대』 머리말에서 자신이 과연 그 생애를 기록으로 남길 만한 가치가 있는 사람인지 겸손하게 되묻긴 했지만, 에릭 홉스봄(1917~2012)이 20세기의 가장 유명한 마르크스주의 역사가였다는 사실은 누구도 부인하기 어렵다. 특히 이른바 '시대' 시리즈(『혁명의 시대』, 『자본의 시대』, 『제국의 시대』, 『극단의 시대』)는 그의 이름을 전 세계 독자들에게 확고하게 각인시켰다. 18세기에서 20세기까지의 긴 시기를 포괄하는 이 시리즈는 유럽 및 아메리카 대륙은 물론, 때로 아시아나 아프리카에 이르는 광범위한 지역의 역사를 정치, 경제, 사회, 과학, 예술을 망라해 서술함으로써, 역사가로서 홉스봄의 역량을 유감없이 보여주었다. 그는 이처럼 세계사적 스케일의 총체적 시야와 일반 민중의 주체적 역할에 주목하는 '아래로부터 역사 쓰기'라는 면에서 아직껏 대체 불가능한 독보적인 역사가로 남아 있다.

생전에 홉스봄이 재즈 매니아였다는 점은, 대부분의 부고 기사에 빠짐없이 언급되었을 만큼 잘 알려져 있다. 러시아 혁명이 일어난 해에 태어난 그는, 당연히 시대적 영향이 컸겠지만, 매우 조숙했던 모양이다. 그의 인생에 중요한 결정들은 이미 10대 중반에 이루어졌다. 자서전에 따르면, 그는 열다섯 살에 공산주의자가 되었고, 그 이듬해에는 역사가가 되겠다고 마음먹었다. 바로 히틀러가 정권을 잡은 1933년의 일이었다. 그런데 당시 열여섯 살이었던 그에게 또 다른 중대한 사건이 있었다. 베를린에서 런던으로 이주해 우연히 접한 듀크 엘링턴 밴드의 연주를 보고, 재즈에 첫사랑처럼 빠져든 것이다. 이후 남은 생을 홉스봄은, 정말 소년 시절의 결심대로, 공산주의와 역사학과 재즈에 헌신했다. 특히 재즈와 관련해 그는 이렇게 회고한다. "내 인생의 3분의 2를 나는 재즈를 사랑하는 사람들과 끈끈한 교감을 나누며 살았다." 그러니 이 충실하고 박학다식한 지식인이 재즈에 관한 책을 한 권도 쓰지 않았다면 그편이 오히려 놀랄 일일 것이다. 홉스봄은 1955년부터 1965년까지 프랜시스 뉴턴Francis Newton이라는 필명으로 월간지《뉴 스테이츠먼New Statesman》에 재즈 칼럼을 쓰는 평론가로 활동했으며, 1959년에는 재즈의 역사를 조명한『재즈 동네The Jazz Scene』라는 단행본을 펴내기도 했다. 그가 역사가로서 첫 저서『원초적 반란자들Primitive Rebels』을 발표한 해였다.

『재즈, 평범한 사람들의 비범한 음악』은『재즈 동네』와 는 별개의 독특한 편역서다. 이 책은 홉스봄의 텍스트 선집『비범한 사람들Uncommon People』(국내에는『저항과 반역 그리고 재즈』라는 제목으로 2003년에 번역 소개되었으나 절판되었다.) 가운데 재즈를 다룬 4장만을 따로 떼어내 역자가 단행본으로 재구성한 것이다.『재즈 동네』의 번역본이 나와 있지 않은 상황에서 이 책은 다소나마 그 빈자리를 메워주기에 부족함이 없다. 책은 친절한 역자 해설과 함께 모두 2부로 이루어져 있다. 1부 "평범한 사람들"에서는 대표적인 재즈 음악가 시드니 베셰, 듀크 엘링턴, 카운트 베이시, 빌리 홀리데이를 전기적으로 살피고, 2부 "비범한 음악"에서는 하나의 장르로서 재즈의 발전과 변화의 역사를 논한다. 1부의 글들은 빌리 홀리데이에 관한 추도문을 제외하고는 모두 각 인물을 다룬 전기, 자서전 등에 대한 서평의 형식을 취한다. 이 음악가들이 모두 재즈의 거장이다 보니, "평범한 사람들"이라는 소제목이 조금 이질적으로 느껴질 수도 있을 법하다. 하지만 그것은 이 거장들을, 결과적으로는 비범해졌으나 다른 시대, 다른 환경에서 태어났더라면 그저 이름 없이 사라졌을 서민 집단the little people의 일부로 바라보는 역사가의 관점을 반영한다. 각각의 글은 길지 않지만, 음악가 개개인의 생애를 홉스봄 특유의 명확하면서도 우아한 문체로 서술한다.

그는 자서전에 쓴, "개인의 삶은 역사라는 더 넓은 세상에 얹혀 있다"는 단순한 진실을 잊지 않으면서도 이 거장들의 인간적인 면모를 솜씨 좋게 요약한다. 그리하여 책에 따르면, 자의식 강하고 까다로운 베셰는 "스스로를 시드니 베셰로 여겼던 광인에 매우 근접해"갔고, 지배적인 성격에 여성 편력이 심했던 엘링턴은 "음악마저도 계속 통제하는 것을 좋아"했기에 (『음악은 나의 여왕Music Is My Mistress』이라는 자서전 제목에도 불구하고) "음악은 그의 여왕이 아니었다". 또 베이시는 "어떻게 그의 밴드를 하나로 묶어내는 일을 해낼 수 있었는지 궁금해지는" "속 편하고 자주 취하며 어눌한 인간"이었으며, 홀리데이는 클레오파트라나 페드라가 아닌 "비탄의 오필리어"이자 "단연코 푸치니 오페라의 여주인공 같은 캐릭터"였다. 하지만 이처럼 음악가들의 개성과 전기를 다루면서도 홉스봄이 종종 재즈에 대한, 나아가 예술에 대한 근본적인 문제 제기를 놓치지 않는다는 점은 주목할 만하다. 이를테면 그는 밴드 단원들에 대한 엘링턴의 의존을 언급하면서, 재즈와 같은 공동 창작물이 '개인 예술가'라는 전통적 관념을 얼마나 재고하게 만드는지 자문한다. 또한 그는 재즈에서 '녹음'조차도 '악보'와 동일시하기 어려운 측면이라든지, 아방가르드의 예술 창작에 대한 대안적 방식을 개발한 측면 등을 예리하게 지적한다. 1부에 실린 글들의 성격상 이러한 주제에 대한 논의를 더 자세하게 발전시키지 않는다는 한계는 못내 아쉽지만, 그의 적절한 질문들은 예술을 둘러싼 여러 문제에 대한 독자의 고민과 성찰을 자극하는 미덕을 지닌다.

한편 2부의 글들은 모두 세 편으로, 「재즈, 유럽에 가다」,

「민중의 음악 스윙」, 「1960년 이후의 재즈」가 그것이다. 이 가운데 「1960년 이후의 재즈」는 홉스봄이 1993년 『재즈 동네』의 개정본을 내면서 추가한 서문이다. 이 글들은 모두 재즈라는 "소수자의 예술"이 긴 시대와 다양한 지역을 거치며 어떻게 변화해가는지를 추적한다. 19세기 후반 20세기 초 미국 뉴올리언스의 흑인문화에서 자생적으로 나타난 재즈는 피억압 민중의 역동성에 힘입어 새로운 하위문화로 성장했다는 점에서도 소수자의 예술이지만, 홉스봄에게는 순수문학이나 클래식음악보다도 훨씬 작은 규모의 수용자가 관심을 둔다는 점에서 특히 그러하다. 홉스봄은 역사가로서 그의 소양과 매력을 잘 보여주는 2부의 글들에서 우리가 재즈(그리고 아마도 20세기의 예술 일반)를 논할 때 잊지 말아야 할 몇 가지 주요인을 부각한다. 음반과 축음기, 라디오 같은 과학 기술, 연예산업과 자본, 프로듀서 존 해먼드 같은 탁월한 매개자 등이 그것이다. 이 가운데서도 그가 각별히 유의하며 재즈 역사의 서술에서 강조해 마지않는 것은 바로 수용자 청중의 사회적 지위와 성격이다. 예를 들면, 그는 대서양을 건너 영국에 온 재즈가 지식인을 위한 감상용 음악으로서 못지않게, 노동 계급까지 망라하는 모든 계층의 사교 댄스를 위한 음악으로 성공했다는 점을 지적한다. 이는 고학력 중산층 청중 위주로 재즈를 교양으로 수용했던 다른 유럽 국가들과 영국의 재즈 문화를 구분 짓는 중요한 차이점을 이룬다.

홉스봄은 2부 내내 수용자층의 역할이 재즈의 발전에 얼마나 중요했는지를 환기한다. 그에 따르면, 미국에서 재즈는 뉴딜 급진주의와의 긴밀한 협력, 그리고 공산주의와 무정부주의를 포함하는 극좌 운동과의 강한 연대 아래 성장했다. 민주적 민중문화를 옹호하는 정치적 좌파가 민속적 기반을 가지는 보통 사람들의 음악이자, 저항과 시위, 집단적 기념행사에 어울리는 재즈에 대해 선택적 친화성을 느꼈기 때문이다. 한편 유럽에서 소수 지식인층에 의한 재즈의 수용은 1960~70년대 재즈의 안정적인 후원자 집단을 형성했다. 즉 이 시기 미국에서 록의 물결로 활동 기반이 거의 사라져버린 미국의 연주자들은 유럽의 축제와 음악회로 이루어진 순회공연에 크게 의존하며 재즈의 명맥을 이어갈 수 있었던 것이다. 같은 맥락에서 홉스봄은 1960년대 이후 재즈의 역사를 쇠락의 내리막길로 묘사한다. 재즈는 1930년대 후반과 1950년대에 놀라운 확장세를 보이며 엄청난 인기를 끌었다. 그런데 "재즈의 황금시대가 절정을 이뤘던 시기에 비틀즈의 성공이 세상을 뒤덮자, 재즈는 사실상 링 위에서 완전히 뻗어버렸다." 이는 재즈가 사라졌다는 의미가 아니라, "단지 연주자들과 청중이 나이가 들었고, 젊은이들이 충원되지 않았다는 것이다." 재즈의 쇠퇴는 역설적이게도 블루스라는 같은 음악적 뿌리에서 나온 로큰롤이 청년 수용자 대부분을 앗아가면서 벌어진 현상이었다. 록은 1950년대 이후 서방 세계의 경제 발전이 가져온 음악산업의 성장과 더불어 청소년 시장이 팽창하면서 청년문화의 대명사로 떠올랐다. 홉스봄이 보기에, 그것은 재즈와 달리 결코 소수자의 음악이 아니었고, 전체 세대의 음악이었다. 록은 재즈의 새로운 잠재적 청중 대부분을 빼

앗아가버렸다. 재즈는 잠시 프리재즈와 같은 아방가르드적 변형을 겪으며 훨씬 덜 미국적이고 더 세계적인 음악이 되었지만, 점차 복고운동을 통해 '전통'을 열쇳말로 생존을 유지하게 되면서 '회고적으로' 변화했다.

1990년대 초 시점에서 홉스봄은 재즈의 미래를 암울하게 진단한다. 그는 "재즈는 장수의 축복을 누리지 못했다"고 단언하기도 하고, 그것이 "클래식 음악의 또 다른 종류라는, 구제받을 길 없는 음악으로 변모"하고 있지는 않은지 회의하기도 한다. 더 이상 흑인 청소년들은 관악기 주자를 꿈꾸지 않으며, 유명한 래퍼가 되기를 꿈꾼다. 그런데 노역사가의 시각에서, "랩은 음악적으로는 시시하고 문학적으로는 엉터리인 노래 형식"으로, "블루스라는 심원한 예술의 정반대편에 있다." 창작과 감상에 새롭게 참여하는 젊은이들에게 기술과 감수성을 전승함으로써 버텨올 수 있었던 소수자의 음악, 재즈의 네트워크는 이제 다 해지고 끊어지고 있는 것처럼 보인다. 물론 이러한 관점을 나이 든 유럽 지식인의 한물간 비관적 엘리트주의쯤으로 폄하하기란 어려운 일이 아니다. 그럼에도 홉스봄의 비판은 유행하는 대중음악에 대한 무조건적 긍정과 성공한 문화산업에 대한 무분별한 예찬으로 넘쳐나는 시대에 도리어 신선하고 솔직하게 느껴지기도 한다. 어쨌든 그는 지배적 통념에 영합하기보다는, 역사가이자 오랜 재즈 팬으로서 자신의 개인적 관점에 충실한 편을 택한 셈이다.

사회주의 진영이 건재하고 특히 청년들 사이에 저항과 반역의 기운이 흘러넘쳤던 한 시절을 지나, 동유럽 제국이 무너지고 모든 것이 자본의 손아귀 아래 놓인 1990년대의 세계에서 그 글을 썼기 때문일까? 사실 「1960년 이후의 재즈」에서 홉스봄의 목소리는 훈계조라기보다는 사뭇 애상조로 들린다. 그것은 막다른 길 앞에 선, 전망을 잃어버린 사람의 독백 같기도 하다. 그래도 그는 맨 마지막에 마치 자신을 향해 다짐이라도 하듯, 이렇게 힘주어 말한다. "재즈의 잠재력이 고갈되었다고 생각하기에는 아직 때가 너무 이르다. 게다가 그냥 재즈를 들으면서 재즈 스스로가 자신의 미래를 헤쳐나가도록 내버려 둔다고 한들 무엇이 잘못이겠는가?" 1990년대 이후의 재즈가 어떻게 혁신하며 그 음악적 잠재력을 실현해 왔는지는 다른 책을 통해서나 알 수 있는 일일 것이다. 다만 2020년대의 우리라면 '재즈'를 '청년'으로, 혹은 '인민'으로 바꿔볼 수 있지 않을까? 평생 인종차별과 성폭력에 시달렸던 빌리 홀리데이를 위한 추도문에서 홉스봄은 "고통은 그녀의 세계였지만, 그녀는 그것을 수긍하지 않았다"고 썼다. '흑인의 목숨도 소중하다'고 외쳐야 하는 세상에서 우리는 또 '그녀'를 '민중'으로, 혹은 '흑인'으로 바꿔볼 수도 있지 않을까? 홉스봄이 아직 살아있었더라면, 빈부 격차와 남성 지배와 인종주의가 횡행하는 고통의 세계를 수긍하지 않고 우리의 미래를 우리 스스로 헤쳐나가는 역사를 반드시 보고 싶어 했을 것이다. 홀리데이의 명곡 〈이상한 열매Strange Fruit〉를 들으면서 말이다.

"남부 지방의 나무에는 이상한 열매가 열리네
이파리에 묻은 피와 뿌리에 고인 피

검은 몸뚱이가 남부의 살랑이는 바람에 흔들리네
이상한 열매가 포플러 나무에 매달렸네"

교육

예술가의 전문성은
학습될 수 있을까

『성찰하는 티칭아티스트』

캐스린 도슨·대니얼 A. 켈린 지음,
김병주 옮김, 한울아카데미, 2017

『성찰하는 티칭아티스트』는 미국의 예술가이자 교육자인 캐스린 도슨과 대니얼 A. 켈린이 공저한 책이다. 이 책은 "지금은 티칭아티스트의 시대이다"라는 도발적인 문구를 담고 있지만 한국에서 티칭아티스트란 말은 다소 낯선 용어이다. 최근 문화예술 교육 관련 전문 단체들이 이 용어를 사용하고 있지만 그 맥락이나 의미가 그리 널리 알려진 편은 아니다.

왜 예술강사art teacher가 아니라 티칭아티스트teaching artist인가? 기실 예술가들의 직업이란 특이하기 짝이 없다. 예술가들은 대개 다중 직업 종사자다. 즉 예술가들은 창작만으로는 먹고살 길이 막막하여 대부분 다른 직업에 종사함으로써 수입을 채워야 한다.

예술가들이 가장 많이 종사하는 직업은 바로 교육직이다. 예술가들 중에 예술대학 입학 준비를 하는 학생들을 대상으로 실기와 이론을 가르치는 이들은 매우 흔하다. 작가들 중에서도 문단을 준비하는 작가 지망생들을 대상으로 시와 소설을 가르치는 이들은 매우 흔하다.

그렇다면 예술가들은 부업으로 학생들을 가르치는 자신의 일에 대해 어떻게 생각할까? 예술가들은 수입이나 투여하는 시간과 에너지에서 창작인 본업보다 가르치는 일에 더 비중이 큰 경우가 잦다. 부업이 본업이 되고 본업이 부업이 되는 셈이다. 자신의 본업이 창작인데도 불구하고 가르치는 부업에 집중해야 하는, 그것도 돈을 벌어야 한다는 어쩔 수 없는 이유로 그리해야 하는 예술가들의 마음은 떳떳하지 않을 수 있다. 자신의 재능이 소모되고 있다는 자괴감도 거기에 덧붙여질 것이다.

그러나 이 책에서 이야기하는 티칭아티스트란 개념은 예술강사들이 스스로에 대해, 혹은 타인들이 예술강사들에 대해 지니는 위와 같은 편견을 타파하려 한다. 티칭아티스트 또한 아티스트이다. 그런데 이는 단지 교육에 종사하는 예술가도 여전히 창작을 하는 예술가라는 뜻에 머물지 않는다. 티칭아티스트라는 개념은 예술교육 또한 예술의 영역에 포함되며 가르치는 예술가들에게도 고유한 창의적 역량과 지식과 성찰성이 요구된다는 의미를 함축한다.

티칭아티스트는 누구인가? 가르치는 예술가이다. 뛰어난 예술적 전문성으로 가르치는 사람이다. 예술에 대해 가르치거나 예술을 통해 가르치거나 예술과 함께 가르치거나 가르치기 위해 예술을 사용하거나, 비예술적 주제에 대해 생각하고/생각하거나 탐험하는 사람이다......가르침의 예술. 예술적으로 가르치기. 예술에 영감을 받은 가르침. 예술적 가르침. 가르침의 예술은 바로 영감을 주는 것이다. 자기 자신의 예술 경험에 영감을 받아, 티칭아티스트는 영감을 주는 경험을 촉진하며 학생들이 자기 자신의 영감을 스스로 찾을 수 있도록 안내한다.

티칭아티스트라는 개념은 변화하는 현대예술의 기능과 역할을 반영한다. 이제 예술가들은 스튜디오에서 고독하게 작업에 골몰하는 이들이 아니다. 이들은 지역의 예술기관과 비영리단체, 교육기관과 문화센터, 기업과 정부와 파트너십을 통해 예술의 영향력과 범위와 효용을 확장하는 매개자로서 활동한다. 예술은 자아의 표현 수단이자 문화적 권리와 삶의 질을 증진시키는 자원이다. 따라서 예술교육은 더 이상 예술적 기예의 습득에 머무르지 않는다. 예술교육은 예술의 쓸모와 가치를 개인적이고 집단적인 삶 속에서 확인하고 확장하는 과정이다.

한국에서 티칭아티스트의 역할은 주로 공적 지원을 통해 이루어지는 공공예술 프로젝트나 생활문화와 관련된 예술가 파견 프로그램, 혹은 기존의 예술강사 사업 등에서 강조되고 있다. 그러나 이러한 과정에서 일부 예술가들은 자신들이 정책의 도구로 전락하고 있다고 생각한다. 반대로 일부 행정가들은 예술가들의 엘리티즘이 예술의 사회적 역할을 도외시하고 있다고 생각한다. 그러나 책의 저자들은 도구주의와 엘리티즘 사이에 가능성의 공간이 있다고 믿는다.

티칭아티스트는 예술가와 교육자 사이의 풍부한, 중첩되는 공간에 존재한다.

물론 이 책은 서구의 역사와 연극 장르에 바탕을 두고 있다. 미국은 예술가들을 공적 사업에 투입하는 다양한 역사를 가지고 있다. 1930년대 뉴딜 시대의 '연방 연극 지원 사업The Federal Theatre Project', 1970년대의 '고용종합법The Comprehensive Employment Act'과 미국 국립예술기금National Endowment for the Arts, NEA에서 꾸준하게 진행해온 '아트 인 에듀케이션' 등의 사업들을 통해 예술가들은 티칭아티스트로서의 시행착오와 노하우를 축적해왔다. 또 다른 한편으로 이들에게는 이론적 자원이 존재해왔다. 연극교육 분야에서 가장 대표적인 참고 문헌은 파울루 프레이리의 『페다고지』였다. 『성찰하는 티칭아티스트』의 저자들은 프레이리와 칼 마르크스를 원용하여 티칭아티스트의 핵심이 "세상의 변혁을 위한 그 세상에 관한 성찰과 행위" 과정으로서의 "프락시스praxis"라고 강조한다. 이들은 단순히 정책에 동원된 것이 아니라 자신이 속한 공동체에서 주체적으로 예술적 실천을 도모해왔다.

저자들은 티칭아티스트의 전문적 실천 원칙으로 "의도성", "질", "예술적 관점", "평가", "프락시스" 등을 제시하며, 이것들을 관통하는 태도를 "반영적 성찰reflexivity"이라고 역설한다. 티칭아티스트는 단순히 작품을 만들고 작업을 수행하는 전문가가 아니다. 이들은 예술 바깥의 공동체와 개인들과 기관들과 협업하며, 이 과정에서 다양한 행위자들의 정체성과 이해관계를 이해해야 하며, 하나의 프로젝트가 사회에 미치는 긍정적/부정적 영향력을 파악해야 한다. 동시에 이들의 작업은 일반적인 사회복지나 교육사업이 아니다. 티칭아티스트는 불확실성과 창의성이 발현되는 예술적 과정 안으로 사람들을 끌어들이고 주도해야 한다. 그러므로 질적인 성취가 그만큼 중요하며, 그러한 성취를 이어가기 위한 체계적 평가도 필요하다.

무엇보다 이들은 자신들의 이념과 미학을, 그것이 올바르다는 이유로 사람들에게 주입하지 않는다. 미술사에서 문화민주주의에 바탕한 예술교육의 역사는 새롭지 않다. 1960~70년대 요셉 보이스는 '모든 이는 예술가다'라고 역설하며 대안적 교육 프로그램을 실행하였다. 그러나 대부분의 수업은 요셉 보이스의 권위를 배제할 수 없었고, 학생들은 열정적 토론을 이어갔으나 그 토론은 보이스를 중심에 둔 대화의 양상을 띠었다. 반면『성찰하는 티칭아티스트』의 저자들은 아래와 같이 주장한다.

여전히 나는 이른바 소외된 커뮤니티들에서 많은 작업을 하지만, 그들의 삶을 바꾸거나 억압을 해체하기 위해서 작업하지는 않는다. 나는 듣기 위해서 일한다. 나는 나 자신의 교육 실천에 대해 배우기 위해 일한다. 나는 나와 비슷하거나 다른 학생들과 함께 현존할 수 있고, 도전할 수 있으며, 나약해질 수 있는 방법을 배우기 위해 일한다......너무나 많은 경우에 나는 내가 생각한 목적지로 학생들을 끌고 갔다. 하지만 그것은 나의 자아가 트로피를 수집하는 방식이었을 뿐, 그럴 때의 나는 내가 속한 세상을 인간답게 만드는 법을 배우는 티칭아티스트가 아니었던 것이다.

저자들은 티칭아티스트가 스스로에게 부여된 권한에 대해 끊임없이 성찰할 것을 요구한다. 최근 들어 한국에서도 일반 시민, 청소년, 소외 지역의 주민, 국가폭력의 희생자들과 전문 연극인들이 협력하여 작품을 올리는 사례들이 늘고 있다. 이때 예술가들은 자신들이 타인의 상처를 도구화하고 있는 것은 아닌지, 혹은 반대로 타인의 상처를 지나치게 미화하고 있는 것은 아닌지 성찰해야 한다. 지나친 선의와 지나친 창작욕 모두 예술가들에게 주어진 특권에서 파생할 수 있다. 저자들에 따르면, 상처의 공개와 공유는 예술가와 참여자들 사이에 평등하게 이루어져야 하며, 동시에 그것이 수반하는 배신감과 갈등을 함께 극복해야 한다고 주장한다. 그렇기에 티칭아티스트는 때로는 자신의 전문성을 어느 정도 양보해야 한다. 심지어 때로는 "입을 다물어야 한다."

> 먼저 들음으로써, 나는 이 지역에 원래 거주하던 사람들에게서 중요한 사건들에 대해 배우게 되고, 그것을 이해하게 되었을 때 해롭기보다는 유익한 것을 더 많이 할 수 있는 교육적이고 예술적인 선택들을 면밀히 검토할 수 있게 된다. '입은 다물어라'는 또한 어떤 것들은 전문가에게 맡기고, 내가 모르는 것에 대해서는 투명하게 솔직해야 한다는 의미이기도 하다.

이 책은 티칭아티스트에 대한 이야기이기도 하지만 동시에 예술가에 대한 이야기이기도 하다. 예술가의 전문성은 무엇인가? 이들의 전문성은 어떻게 학습되고 전수될 수 있는가? 오히려 사람들에게 예술을 가르치는 과정에서 예술가가 보유한 전문성의 한계와 가능성이 확인될 수 있다. 만약에 예술가들이 특별한 능력과 기예를 보유한 전문가라 한다면 이들의 교육은 지식을 소유한 자가 지식을 소유하지 않은 자에게 일방적으로 행하는 지식 전수 과정이라 할 수 있다. 그러나 티칭아티스트들은 자신의 능력과 기예가 타인들과의 상호작용 속에서 변형되고 확장되며, 그것이 다시금 자신과 사람들에게 피드백되며, 질적 성취와 미적 만족감과 소외감의 극복을 달성하는 과정을 경험한다.

따라서 예술가의 전문성이란 하나의 잠재성으로 존재하며, 작업을 통해 구현되는 과정에서 그 잠재성은 긍정적으로 혹은 부정적인 방향으로 나아갈 수 있다. 예술, 티칭아티스트의 실천에 실패란 지극히 정상적인 과정이다. 그 실패가 상처와 불신을 담고 있다 해도 말이다. 개인 작업을 하는 예술가들은 실패를 시행착오라고 부르며, 이를 극복하는 것을 당연하게 여긴다. 티칭아티스트들에게 실패는 타인과의 관계를 포함하며, 그것이 야기하는 상처와 불신은 혼자 감당할 수 있는 것이 아니다. 그러나 바로 그런 이유로 티칭아티스트들이 실패를 직면하고 극복하려는 노력은 더욱 값질 수 있다. 그것은 결국 사람이 타인과 함께 살고 대화하는 방식의 일환이다. 예술이라는 불확실성으로 가득한 모험은 사람살이와 세상살이의 새로운 형상을 제시한다. 티칭아티스트는 그 새로운 형상을 가늠하고 구현하려는 특별한 전문가이다.

교육은 본질적으로
예술적이다

『무지한 스승』

자크 랑시에르 지음, 양창렬 옮김,
궁리, 2016

예술교육은 대개 기존의 교육 체계에서 부가적인 교육 과정으로 취급된다. 특히 입시 위주의 교육 체계에서 예술교육은 일종의 여가이다. 심하게 말하면 시간 때우기이다. 나는 한 지역 문화재단으로부터 예술교육에 대한 수요가 급증하는 시기는 수능 이후 학생들이 휴식을 필요로 할 때라고 들었다. 예술에 대해 진보적인 입장을 취하는 논자들은 예술이 인성교육 및 시민적 덕성의 함양에 필수적이며 따라서 수학과 영어가 그러하듯 예술 또한 공교육에 포함되어야한다고 주장한다. 또한 문화산업의 비중이 높아지는 지식경제에서 창의성 교육은 기본이라는 주장도 꽤 설득력 있게 들린다.

하지만 여기서 우리는 한발 더 나아갈 수 있다. 모든 교육은 예술교육이어야 한다는 주장이다. 이 주장은 급진적이라기보다는 차라리 비현실적으로 들린다. 어떻게 모든 교육이 예술교육이 될 수 있는가? 수학을 가르치고 어학을 가르치는 교육이 예술과 무슨 상관이란 말인가?

그런데 바로 그러한 주장을 한 학자가 있으니, 프랑스의 미학 이론가이자 정치철학자인 자크 랑시에르이다. 랑시에르의 (예술) 교육론은 그의 저서 『무지한 스승』에서 잘 나타난다. 랑시에르는 1818년 벨기에로 이주하여 루뱅 대학에서 프랑스어를 가르친 조제프 자코토(1770~1840)의 사례를 통해 소위 해방적 교육론을 제시한다. 프랑스인 자코토는 네덜란드어를 모른다. 반면 네덜란드어가 모국어인 학생들은 프랑스어를 모른다. 이 두 무지한 주체가 어떻게 서로 프랑스어를 가르치고 배울 수 있는가? 자코토는 『텔레마코스의 모험』의 프랑스어-네덜란드어 대역판을 교재로 선정한다. 그가 학생들에게 주문한 조건은 하나다. 그것을 읽고 외우고 익히라. 학생들은 시행착오를 겪으며 단어들을 대조하고 문장들의 규칙을 익히고 더 긴 말들을 조합해 나간다. 이 단순하고도 이상한 교육 실험은 성공에 이른다. 수업이 끝난 후 학생들의 프랑스어 능력은 일취월장했다.

학생들에게 자신이 아는 지식을 전달하지 않고 다만 조건을 제시하면서 그 조건에 충실할 것을 주문하는 무지한 스승은 어떻게 교육에 성공할 수 있었는가? 랑시에르에 따르면 여기에는 오로지 믿음과 의지만이 있었다. 한 권의 책에서 언어의 전체를 발견하려는 지적 모험을 감행하는 용기, 그 모험을 완수할 수 있다는 믿음, 그 과정에서 서로가 서로에게 말하려는 의지와 들으려는 의지가 수업을 이끌어갔다. 이 믿음과 의지를 통해 발휘되는 역량이 자코토의 교육 실험을 성공에 이르게 했다.

랑시에르는 유식한 스승이 무지한 학생에게 지식을 설명함으로써 자신의 수준에 도달하게 하려는 전통적인 교육 방법을 "바보 만들기" 체계라고 주장한다. 스승이 학생에게 학식을 전달하는 교육적 관행은 학생들이 스승보다 무지하다는 가정을 필연적으로 포함한다. 이 체계에 따르면 학생들은 자신이 이미 가지고 있는 지능을 타인과 함께 공유하고 실현하지 않는다. 다만 자신에게 결여된 지능을 타인의 도움을 통해 취득할 뿐이다. 즉 무식함에서 유식함으로 이동하는 행적이 바로 교육이며, 이 과정에서 우수한 학생과 열등한 학생의 구별은 그 행적에서 얼마나 앞서 있느냐 뒤처져 있느냐에 달려 있다. 교육과정은 언제나 지능의 차이들이 불균등하게 분포된 선형적 과정이기에 학생들 중 누군가는 반드시 타인보다 무지할 수밖에 없다.

랑시에르에 따르면 기존 교육의 바보 만들기 기획에서 교육자들은 어떤 음모나 악의를 가지고 있지 않다. 기존의 교육 체계에서 교육자들은 "권력과 사회 질서를 공고히" 하려는 의도를 가지고 있지 않다. 랑시에르는 오히려 "유식할수록, 눈이 뜨였을수록, 선의를 가졌을수록" 앎과 무지 사이의 거리는 더 커진다고 이야기한다. 그렇다면 교육자가 진보적이면 진보적일수록, 자신의 지식이 세상을 더 좋은 쪽으로 변화시킨다는 확신을 가질수록, 학생들을 무지 상태에서 계몽시켜야겠다는 의지가 확고할수록, 그는 자신의 학생들을 바보 취급할지도 모른다. 랑시에르는 따라서 교육자 또한 스스로를 해방시켜야 한다고 강조한다. 스스로를 무지한 자로 탈정체화하고 가르침을 지식의 성취가 아닌 지능을 발현시키는 민주적 과정으로 재편하면서 교육자는 학생들과 함께 해방적 주체가 될 수 있다.

랑시에르는『무지한 스승』에서 '예술가 되기'라는 테마를 도입한다. 그에 따르면 언어를 배우는 것은 기호와 상징을 통해 스스로를 표현하는 과정인데, 이는 주어진 재료를 가지고 주의와 집중을 기울여 단어를 이어 붙이고 문장을 만드는 장인적 공정, 예술적 창작의 과정과 다를 바 없다. 따라서 랑시에르에게 언어, 상징, 기호를 다루는 교육은 본질적으로 예술적이다. 교육은 한 사람이 자신에게 영혼이 있다는 증언의 과정이자, 자신의 영혼을 주어진 재료를 통해 표현하고 나누는 타인과의 소통 과정이다. 교육에 참여함으로써 우리는 통상적인 사회적 공간과 관계에서 가질 수 없었던 기회, 즉 자신의 생각과 감정을 표현하고 나눌 수 있는 기회를 가진다. 랑시에르는 이러한 해방된 존재들의 사회를, 예술가들의 사회라고 부른다.

> 그런 사회는 아는 자와 알지 못하는 자, 지능의 특성을 가진 자와 갖지 못한 자 사이의 나눔을 거부할 것이다. 그런 사회에는 행동하는 정신들만 있을 것이다. 행하고, 자신이 한 것에 대해 말하고, 그리하여 자신의 모든 작품을 모두에게 있는 것과 같은 자신의 인간성을 알리기 위한 수단으로 변형하는 사람들만 있을 것이다.

랑시에르의 이 같은 예술/교육론은 시를 가르치고 배우는 교육과정을 통해 예시될 수 있다. 시 수업은 '시 창작' 수업인가? 혹은 '언어 수업'인가? 우리는 시에 대해 두 가지 이론을 가지고 있다. 먼저 시는 잘 쓰여진 고상하고 난해하고 심미적인 언어라는 이론이다. 이때 시는 아무나 쓸 수 없다. 시는 천재나 혹은 시에 대한 소명의식을 가진 이의 소유물로 정의된다. 이 이론은 시인이라는 '명예로운 타이틀'을 가진 소수의 사람들에 대한 사회적 경원의 근거가 된다. 사람들은 시인을 우러러보거나 혹은 유별난 개성을 지닌 사람으로 간주하곤 한다. 시는 그들만의 '비어(祕語/非語)'인 것이다. 이 시론으로부터 시 수업은 시 창작 수업이 될 것이다. 시 수업을 거치면 시를 못 썼던 사람이 드디어 시를 쓰게 될 것이다.

또 다른 이론은 시가 자신의 삶을 표현하는 예술적 표현이라는 이론이다. 우리는 이 이론을 다소 낭만화시키고 그만큼 당연시한다. 어떤 시를 쓰건, 그 시는 시를 쓴 사람의 자아가 표현된 것이라는 사실에 대해 우리는 마치 그것은 너무 명백한 것 아니냐는 식으로 반응한다. 여기서 앞서의 이론과 상반되는 명제가 도출된다. 시는 아무나 쓸 수 있으며 그러므로 시의 퀄리티는 중요하지 않다. 약간의 신선함만 곁들여지면 모든 언어는 시로 바뀔 수 있다. 이 시론으로부터 시 수업은 언어 수업이 될 것이다. 시 수업을 거치면 드디어 자아를 잘 표현하게 될 것이다.

랑시에르는 두 이론에 모두 반대한다. 아니 두 이론을 통합한다. 시는 자아의 표현이되, 그 표현은 나의 위대함을 드러내는 우월성의 지표가 아니다. 혹은 '나는 무엇을 좋아하고 무엇을 직업으로 삼고 무엇을 인생의 목표로 삼는다'는 식의 통상적인 표현도 벗어난다. 아니 나의 위대함, 나의 선호, 나의 직업은 시 속에서 비범함 혹은 평범함의 지표가 아니라 오로지 나의 영혼이라는 고유한 인간성의 증언, 혹은 선언으로서 표명된다. 시를 쓰는 순간, 언어라는 재료와 씨름하면서 나라는 자아는 새롭게 정의, 혹은 탈정의된다. 나는 우체부이지만 배달하면서 주운 자갈로 성을 쌓는 '우체부/예술가'(페르디낭 슈발)이며, 나는 까막눈이지만 새롭게 배운 시라는 언어로 나의 무식함을 고백할 용기를 지닌 '무식한 시인'(한충자)이다.

한국에서 문화예술교육은 그 어느 때보다 많은 주목을 받고 있다. 소외 계층을 위한 문화 복지의 일환으로 개설된 프로그램에 다수의 예술가들이 예술강사나 혹은 교육활동가로 참여하여 부수입을 얻고 있다. 또한 적지 않은 수의 학부모들이 자녀들의 창의성을 높이는 방편으로 방과후 학교나 예술 기관이 실행하는 예술교육 프로그램에 관심을 기울인다. 예술에 대해 진지하고 예술을 아끼는 이들은 밥벌이와 자기계발의 도구로 예술을 전락시키는 이러한 세태에 한탄할 수도 있다.

그러나 예술은 어쩌면 원래부터 도구였다. 한나 아렌트는 인간이란 그 본성에 있어 도구를 사용해 무언가를 만드는 사람, 즉 호모 파베르라고 주장했다. 아렌트에 따르면 예술가야말로 호모 파베르로서의 인간을 대표하는 직업인이다. 그러나 흥미롭게도 생각하는 사람인 호모 사피엔스와 놀이하는 사람인 호모 루덴스는 만드는 사람인 호모 파베르만큼 특정 직업인으로(물론 학자와 연예인이 있지만) 축소되는 과정을 겪지 않았다. 즉, 도구를 통해 제작을 하는 사람만이 역사적으로 모종의 직업화 및 전문화 과정을 거쳐 소수화되었다. 그러나 우리는 이러한 세태에 대해서는 한탄하지 않는다. 우리 인간은 나무와 돌과 언어와 기호와 이미지에 골몰하고 탐닉하며, 그것들로 형상을 만들고 해체하고 다시 만드는 사람들이었다. 그 과정에서 우리는 타인과 소통하고 나 자신과 공동체의 새로운 가능성에 대해 꿈꾸는 사람들이었다. 우리는 애초부터 예술가라 불리지 않는 예술가였다. 랑시에르의『무지한 스승』은 말한다. 우리가 한탄해야 할 것은 바로 이름 없는 창조자, 무지한 예술가였던 우리 자신의 쇠락이어야 한다고.

이미지

'보이는 것'을 보이게 하는
철학자의 시선

『마네의 회화』

미셸 푸코 외 지음, 마리본 세종 엮음,
심세광 외 옮김, 그린비, 2016

「검정과 색채Le noire et la couleur」라는 가제가 붙어 있었던 푸
코의 '마네론'은 작은 전설이었다. 당대의 가장 유명한 철학
자가 쓴 미술사의 가장 혁신적인 화가에 관한 책, 혹은 당대
의 가장 혁신적인 철학자가 쓴 미술사의 가장 유명한 화가에
관한 책. 전설은 그가 1967년 미뉘 출판사와 계약까지 맺었던
이 책을 끝내 출간하지 않았다는 사실로부터 피어났고, 100
여 쪽 분량의 초고까지 완전히 파기해버렸다는 사실이 알려
지면서 부풀어 올랐다. 1994년 푸코가 생전 세계 곳곳에서 발
표했던 수백 편의 논문, 강연문, 인터뷰 들이 총 3천 쪽 분량
의 『말과 글Dits et écrits』이라는 저작으로 묶이고 푸코의 미간

행 원고들에 대한 새로운 출판 계획이 알려지자, '혹시나' 하는 사람들의 기대는 마네론의 원고가 아직 남아 있을지도 모른다는 풍문으로 떠돌았다. 하지만 원고는 실제로 소실된 지 이미 오래였고, 다만 보존되어 있었던 것은 푸코가 1971년 튀니지에서 가진 강연 〈마네의 회화〉의 녹음테이프였다. 이렇게 해서 되살려진 푸코의 목소리가 담긴 책이 바로 프랑스에서 2004년 출간된 『마네의 회화』(원제는 '마네의 회화: 미셸 푸코, 하나의 시선La Peinture de Manet: Suivi de Michel Foucault, un regard')이다. 이 책은 푸코의 강연 원고와 함께, 2001년 열린 푸코의 마네론 관련 심포지엄 〈미셸 푸코, 하나의 시선〉에서 발표된 여러 연구자의 글들을 싣고 있다.

새롭게 발굴된 푸코의 이 원고를 읽는 방법은 다양할 수 있을 것이다. 책에 실린 다른 글들이 제각기 제시하듯, 우리는 그것을 전기적 맥락 속에서 살필 수 있고, 미술사나 비평의 차원에서 다룰 수도 있으며, 철학사, 또는 푸코 철학의 내적 진화라는 측면에서 다가갈 수도 있다. 하지만 '최선'은 아닐지 몰라도 '최적'이라 할 만한 방법은 푸코의 말을 있는 그대로 듣는 것이다. 튀니스의 청중을 대상으로 한 푸코의 강연은 쉽고 간결하며 명확하다. 그는 책을 쓸 때처럼 화려한 수사와 복잡한 문장을 구사하는 대신, 이야기하고자 하는 주제에 곧장 육박해 들어가는 또 다른 매력을 드러낸다. 젊은 시절의 이 대가는 친절하게도 '그림 읽어주는 남자'를 자처한다. 게다가 그의 꼼꼼한 마네 읽기는, 거의 반세기 전의 것이라는 시대적 한계에도 불구하고, 여전히 흥미롭다.

푸코는 자신이 "모든 면에서 놀랍고 마음을 완전히 잡아 끈다"고 탄복했던 마네를 어떻게 이해하고 있는지 강연의 서두에 일찌감치, 그리고 분명하게 밝힌다. 마네는 "서구 미술에서 적어도 르네상스 이후, 적어도 초기 르네상스(이른바 '콰트로첸토') 이후 처음으로 소위 자신의 그림 안에서, 그림이 재현하는 바 내에서 화가가 그리는 공간의 물질적 속성들을 과감히 이용하고 작동시킨 화가"라는 것이다. 이 화가는 15세기 이래 서구의 재현적 회화 전통이 수행한 "감추기-은폐-착시-생략의 놀이"와 완전히 단절한 채, "오브제로서의 그림"을 발명하고 "재현된 것 안에 캔버스의 물질성을 다시 삽입"했다. 이 말은 구체적으로 무슨 뜻일까?

푸코에 따르면, 초기 르네상스 이후 서구 미술은 몇 가지 특징을 지닌다. 일단 그것은 회화가 네모반듯한 이차원의 표면 위에서 펼쳐진다는 사실을 잊게 만들고자 했다. 이는 예컨대, 회화가 수평과 수직의 직선들로 이루어진 사각형 공간에 그려진다는 점을 감추고 부정하기 위해 긴 사선이나 나선을 강조하는 기법으로 나타난다. 회화는 또 종이나 천, 합판, 벽 같은 이차원의 평면에 그려짐에도 불구하고, 그 물질적 공간을 부인한 채 그 안에 삼차원을 재현하려고만 했다. 다음으로 서구 미술은 캔버스 내부의 특정한 방향에서 오는 조명을 재현하고자 노력함으로써, 회화가 현실의 변화하는 빛에 의해 실제로 조명되고 있다는 사실을 부정하려고 했다. 마지막으로 서구 미술은 그림이 관람자가 그 앞에서 왔다 갔다 하거나 주변을 돌 수도 있는 단편적 공간이라는 점을 부인하고, 관람자가 그림을 볼 수 있으며 또 보아야 하는 이상적인 자리를 고정시켰다. 이렇게 해서 재현적 회화가 탄생한다. 한마디로 그림은 내부의 한쪽에서 빛이 비치고 관람자의 이상적인 자리에서 펼쳐지는 광경을 입체감 있게 재현하게 된 것이다. 그 결과, 감춰지고 지워진 것은 다름 아닌 그림의 물질성이다. 실제의 빛으로 조명되고 관람자가 그 주위에서 자유롭게 움직일 수 있는 사각형의 평면은 그림의 재현 공간에 의해 철저히 비가시화되었다. 그런데 푸코가 보기에, 마네가 일으킨 중대한 변화는 이처럼 서구 미술 전통이 그때까지 은폐하고 회피했던 캔버스의 속성과 특징과 한계를 다시 부각시킨 데 있다. 푸코는 이러한 자신의 주장을 뒷받침하기 위해 마네의 작품 십여 점을 골라내 세 개의 범주로 나눈 뒤, 하나하나 분석해나간다.

　먼저 첫 번째 범주의 그림들에서 푸코가 검토하는 것은 마네가 폭, 길이, 면적, 외형, 평면성 같은 캔버스의 물질적 속성을 작동시킨 방식이다. 이와 관련해 〈튈르리 공원의 음악회〉, 〈오페라 극장의 가면 무도회〉, 〈막시밀리앙의 처형〉, 〈보르도 항구〉, 〈아르장퇴유〉, 〈온실에서〉, 〈비어홀의 여종업원〉, 〈철로〉 등이 다뤄진다. 이 그림들에서 공간은 깊이감 없이 막혀 있고, 거리감이나 입체감은 최대한 사라지며, 수직선과 수평선이 교차하는 캔버스 조직의 형상은 기하학적으로 재현된다. 마네는 심지어 그림 안의 인물들이 향하는 시선을 화면 앞과 뒤로 배치함으로써 캔버스가 가로세로의 축 못지않게 앞뒷면으로 이루어진 하나의 표면이라는 사실을 짓궂게 일깨운다. 말하자면, 그는 캔버스의 물질적인 속성을 갖고 게임을 벌인다. 특히 각각 정면과 후방을 향해 있는 두 시선은 관람자에게 비가시성의 작용을 확인시킨다. 즉 관람자는 정면을 응시하는 그림의 인물이 보고 있는 것을 당연히 보지 못하며, 후방을 응시하는 인물이 보고 있는 것 또한 화가가 의도적으로 가리거나 생략함으로써 볼 수 없다. 푸코에 의하면, 이러한 게임을 통해 회화는 마침내 비가시적인 것을 우리에게 보여주는 시선이 된다.

두 번째 범주의 그림들에서 푸코가 초점을 맞추는 것은 마네가 외부의 실제 빛을 이용한 방식이다. 이와 관련해서는 〈피리 부는 소년〉, 〈풀밭 위의 점심 식사〉, 〈올랭피아〉, 〈발코니〉가 분석된다. 이 그림들에 나오는 인물은 회화 공간 내부의 어느 한편이 아니라, 정면에서 조명을 받는 것으로 나타난다. 그러니까 빛은 캔버스 외부에서 오는 실제의 조명인 것이다. 이러한 맥락에서 푸코가 〈올랭피아〉에 대해 제기하는 질문과 해석은 사뭇 예리하다. 사실 서구 미술에서 여성 누드의 재현은 16세기까지 거슬러 올라가는 전통이며, 〈올랭피아〉는 티치아노의 고전 〈우르비노의 비너스〉의 변이형이다. 더욱이 〈올랭피아〉가 출품되었던 살롱전에는 다른 누드화들도 전시되었다. 그런데 왜 하필 〈올랭피아〉만 '외설적'이라는 비난을 받으며 결국 전시회장에서 철거당하는 수모를 겪어야 했을까? 푸코에 따르면, 그 이유 가운데 중요한 한 가지는 다름 아닌 조명이다. 그 그림에서 우리가 보는 것은 올랭피아의 누드를 정면에서 비추는 강렬한 빛인데, 그 원천은 캔버스 앞

쪽, 즉 우리 관람자가 위치하는 곳이다. 다시 말하면, 올랭피아의 누드를 향하면서 비추는 것은 우리의 시선이며, 우리가 그 누드를 가시적으로 만든다는 것이다. 이렇게 푸코는 〈올랭피아〉에서 "미학적 변형이 도덕적 스캔들을 유발"하는 하나의 극적인 사례를 본다.

세 번째 범주의 그림으로 푸코가 살피는 것은 〈폴리-베르제르의 바〉한 점이다. 그는 마네의 모든 회화를 요약하는 가장 충격적인 작품으로 이 그림을 꼽으면서, 관람자의 자리라는 문제를 탐구한다. 〈폴리-베르제르의 바〉는 전면 거울을 배경으로 등진 채 앞쪽을 응시하는 바 여종업원의 모습을 담고 있다. 이 그림은 공간의 깊이와 입체감을 부정하는 한편, 캔버스 바깥 정면의 조명을 전제하고 또 심지어 그림 속에 재현함으로써 마네의 다른 작품들에서 나타나는 여러 특징을 고스란히 보여준다. 푸코가 이 그림에서 각별히 주목하는 것은 거울 속에 비친 여인의 뒷모습과 그녀를 바라보고 있는 것으로 비치는 한 남성의 앞모습이 고정된 시선의 자리를 담보해주지 않는다는 점이다. 정상적으로라면 있을 수 없는 위치에 여인과 남성의 거울상이 놓여 있기 때문이다. 거울에 비쳤어야 하는 것과 거울에 재현된 것 사이에 존재하는 이 왜곡은 우리가 보고 있는 대로의 이미지를 보기 위해 어디에 위치해야 할지 알 수 없게 만든다. 고정되고 안정적인 관람자의 자리는 배제되고, 이제 그림은 그 앞에서, 그것과의 관계 속에서 관람자가 움직일 수 있고 또 움직여야 하는 공간으로 나타난다. 고전적 회화가 선, 소실점, 원근법 등을 통해 화가와 관람자에게 재현된 것이 보이는 정확한 부동의 장소를 부여했다면, 푸코가 보기에 마네는 그러한 하나의 지점을 고정하려는 규범적 공간이었던 캔버스를 해체해버린다.

마네는 비재현적인 회화를 발명하지는 않았지만, 그림의 물질성을 복원하고 재현 안에서 작동시킴으로써 "오브제로서의 그림"을 발명했다. 이러한 작업은, 푸코에 따르면, "언젠가 우리가 재현 자체를 버리고 공간의 순수하고 단순한 속성들, 공간의 물질적 속성들과 더불어 공간이 작용할 수 있게 하기 위한 근본 조건"이기에 더없이 중요하다. 강연을 마무리하며 푸코가 내놓은 이 논평은 아마도 마네를 〈시녀들〉의 작가 벨라스케스와 〈이것은 파이프가 아니다〉의 작가 마그리트 사이 어딘가, 즉 회화의 존재 양식이 순수 재현의 공간을 지나 비재현적 공간으로 이행해가는 여정의 어느 지점에 자리 매기는 것으로 보인다. 그것은 그가 강연 첫머리에 했던 다음의 평가와도 자연스럽게 공명한다. "인상주의를 넘어서서 마네는 인상주의 이후의 회화, 즉 20세기의 회화, 그 속에서 지금도 동시대 예술이 펼쳐지는 그러한 회화를 가능하게 했다."

여기서 우리가 한 가지 확인해 두어야 할 것은 푸코가 마네의 그림을 읽어주면서 스스로 정의했던 철학의 기능을 훌륭하게 수행하고 있다는 사실이다. 그는 1978년 일본의 문학 비평가 와타나베 모리아키와 가진 대담에서, 철학자는 "'보이지 않는 것'을 보이게끔 하는 것이 아니라 '보이는 것'을 보이게끔 하는 역할"을 맡는다고 말한 바 있다. 그러니까 철학은 "사람들이 늘 보고 있으면서도 그 실태에서는 보이지 않는 것, 혹은 놓치고 있는 것을 약간 시점을 비틀어서, 그렇게 함으로써 확실하게 보이게끔 하는 작업"이라는 것이다. "아주 살짝 고개를 비틀고 아주 살짝 시점을 이동시킴으로써 성립"하는 시차적視差的 노동으로서의 철학.『마네의 회화』를 통해 푸코는 바로 그러한 철학이 예술작품에 얼마나 풍부한 이해를 더해줄 수 있는지 생생한 목소리로 가르쳐준다.

'볼 수 있는 것'과
'말할 수 있는 것' 사이의 거리

『이것은 파이프가 아니다』

미셸 푸코 지음, 김현 옮김,
고려대학교출판부, 2010

푸코의 흥미로운 강연록 『마네의 회화』를 읽어본 독자라면,
이 철학자가 생전에 단행본으로 내놓은 유일한 미술비평서
인 『이것은 파이프가 아니다』 역시 찾아보고 싶어질지도 모
르겠다. 단행본이라고 하지만, 이 책은 번역서 본문의 분량
이 채 100쪽이 안 되는 소품이다. 푸코는 벨기에 출신의 초현
실주의 화가 르네 마그리트(1898~1967)가 타계한 다음 해인
1968년 한 문예지의 추모 특집호에 「이것은 파이프가 아니
다」라는 제목의 평문을 실었는데, 이 텍스트를 보완하고 마그
리트에게 받은 편지 두 편을 덧붙여 1973년에 책으로 펴냈다.
1960년대 초부터 1970년대 초반까지 대략 10년간 푸코는 적

지 않은 분량의 문학과 예술 관련 평문들을 썼다. (참고로 말해두면, 이 글들은 작고한 문학비평가 김현이 편집하고 제자들이 번역해 1989년 출간한 『미셸 푸코의 문학 비평』에 실려 있다. 『이것은 파이프가 아니다』는 김현이 직접 옮겼는데, 초판은 그의 사후인 1995년에 나왔다. 김현은 국내에 푸코 철학의 예술적 국면을 소개하는 데 가장 중요한 역할을 한 인물이다.) 푸코의 전체 이력에서 다소 예외적이었던 이 '미학적 글쓰기'의 시기에 화가로서 전면에 다루어진 세 사람이 다름 아닌 벨라스케스, 마네, 그리고 마그리트다. 1965년 잡지에 발표한 벨라스케스의 〈시녀들〉에 관한 비평은 푸코가 약간의 망설임 끝에 수정을 거쳐, 이듬해 나온 『말과 사물』의 1장으로 삼았다. 마네에 관한 거의 완성된 원고였다는 「검정과 색채Le noire et la couleur」는, 알려진 대로라면, 강연문이라는 흔적만 남긴 채 세상에서 완전히 사라져 버렸다. 결국 마그리트에 관한 텍스트만이 한 권의 온전한 미술비평서로 살아남은 셈이다. 그러니 푸코의 명징한 마네 해설에 귀가 솔깃했던 독자라면, 마그리트 해설에도 당연히 눈길이 쏠릴 법하다.

하지만 아쉽게도 『이것은 파이프가 아니다』는 『마네의 회화』에 비해 훨씬 읽기 어렵다. 둘 다 '보이는 이미지'에 담긴 '보이지 않는 사유'에 대한 탐구라는 차원에서는 다를 바 없지만 말이다. 푸코에게 보낸 편지에서 마그리트는 오직 사유만이 그 대상에 대해 유사성을 확보할 수 있다고 썼다. 어쩌면 푸코의 마네론은 언뜻 볼 때 표면적인 이해는 가능한 마네의 회화와 닮아 있고, 마그리트론은 그러한 이해조차 영 어려운 마그리트의 회화와 닮아 있다고도 말할 수 있을 것이다. 읽기에 들여야 하는 노력의 수준에서 두 책이 갖는 현격한 차이는 기본적으로 마네론이 강연의 녹취록인 반면, 마그리트론은 정제된 평문이라는 사실로부터 나온다. 역사가 폴 벤느는 말하기 상황의 임기응변에 능했던 푸코가 글쓰기와 문체에는 오랜 시간과 많은 공을 들였다고 증언하는데, 작가 모리스 블랑쇼는 그렇게 다듬어진 푸코의 스타일을 '굉장한 바로크풍'이라고 표현한 바 있다. 그것이 화려한 비유와 불균질한 문장을 생동감 넘치게 이어나가면서 파격적인 '차이의 지식'을 구축하기 때문일 것이다. 하지만 그러한 구축 과정이 논리적 질서와 개념적 엄정성을 유지하려는 자의식 속에서 이루어지기에, 푸코의 글쓰기는 읽기 어렵다고 해서 마냥 모호하거나 불분명하지는 않다. 그것은 엄밀한 의미를 감추고 있거나, 아니면 복잡하게 풀어내고 있을 따름이다. 독자 입장에서는 끈기 있게 천천히 되풀이해 읽다 보면 적어도 논리의 혼란이나 부재로 인해 크게 당황할 일은 없다는 이야기다. 『이것은 파이프가 아니다』 역시 마찬가지다.

　이 책은 단도직입적으로 말해, 마그리트의 회화가 초기 르네상스 이래 내려온 서구 고전주의 회화의 재현 공간을 넘어서 새로운 지평을 열었다고 주장한다. 푸코가 보기에, 마네와 마그리트는 바로 이 점에서 같은 계열에 위치한다. 비록 두 예술가가 제각기 다른 방식으로 재현 공간에 맞서는 작업을 했지만 말이다. 사실 푸코가 마네에 관한 원고를 쓰고 일련의 강연을 한 시기와 마그리트에 관한 논문을 쓴 시기는 『말과 사물』에서 『지식의 고고학』으로 이어지는 1960년대 후반으로 거의 겹치는데, 이는 그가 일관된 문제의식 아래 두 화가의 어떤 공통분모에 관심을 가졌을 가능성을 시사한다. 즉 그가 이들의 작품을 놓고 벨라스케스의 〈시녀들〉과 정반대의 관점에서 흥미를 느꼈으리라는 것이다. 푸코에게 벨라스케스가 고전주의 시대의 (어려운 용어를 쓰자면 '에피스테메epistémè'인) 재현의 문제를 누구보다도 첨예하게 드러낸 예술가였다면, 마네와 마그리트는 '재현 너머'로 나아가고자 한, 그리하여 근대와 그 이후를 특징짓는 예술가였던 것으로 여겨진다.

재현représentation이란 A가 A 아닌 것을 나타내는 작용을 가리킨다. 여기에는 주로 조형 기호와 언어 기호가 쓰이는데, 전자가 대상에 대한 유사성ressemblance을 함축한다면 후자는 차이를 통해 작동한다. 이러한 전제 위에서 푸코는 15세기 이후 20세기에 이르기까지 두 가지 원리가 서양 회화를 지배해왔다고 지적한다. 첫째 원리는 조형 기호와 언어 기호가 분리되고, 회화 안에서 서로 교차하거나 용해되기보다, 어느 한쪽이 다른 한쪽에 종속되는 식으로 관계를 맺는다는 것이다. 그리하여 관객은 이미지의 흐름이나 텍스트의 지시 중 하나를 따를 수는 있지만, 두 가지를 한꺼번에 따를 수는 없다. 둘째 원리는 조형 기호가 실어나르는 유사성이 확언affirmation을 동반한다는 것이다. 즉 어떤 대상과 닮은 조형 기호는 '이것이 곧 대상'이라는 지시적 언표를 내포한다. 이를테면, 토끼 그림을 가리키며 "이게 뭐야?"라고 묻는 아이에게 아빠는 "그건 토끼야."라고 대답할 수 있는 것이다. 조형 기호는 유사성을 매개로 언어 기호와 별개의 위상을 점하는 동시에, 내부에 언어적 지시성을 확보함으로써 '말하지 않으면서도 말하는' 독자적인 재현 공간을 구축했다. 그런데 이 공간은 회화가 결국엔 외부 세계의 모방이며, 따라서 언제나 지시 대상의 제약 아래서 그 요구에 따라 평가받아야 한다는 관념을 동반한다.

푸코에 따르면, 19세기 후반에서 20세기 초반에 이르러 고전주의 회화의 재현 공간에는 균열이 일어나기 시작한다. 이와 관련해 그가 주목하는 두 화가는 클레(1879~1940)와 칸딘스키(1866~1944)다. 푸코가 보기에, 클레는 "형상들의 중첩과 기호들의 구문을 불확실하고 가역적이며 유동적인 공간 안에서 나타나게 함으로써" 이미지와 텍스트가 캔버스 안에서 언제나 위계적 관계에 놓이는 원리를 거부한다. 그는 조형 요소에 지시적 기능을 부여하고, 언어 요소에 시각적 역할을 부여함으로써 '보기'와 '읽기'의 분리를 흐릿하게 만든다. 한편 형태와 색깔만으로 작품을 구성하는 추상적 즉흥화를 그렸던 칸딘스키는 "이 선들과 이 색채들을 더욱더 고집스럽게 확인함으로써" 유사성과 확언을 동일시하는 원리를 파괴한다. 그는 회화의 순수하게 형식적인 속성들만을 결합해 미학적 가치에 가닿고자 한다. 그렇다면 마그리트의 경우는 어떨까? 조형 요소와 언어 요소를 확고하게 분리하고, 대상을 정확히 모사하는 그의 스타일은 클레나 칸딘스키와는 한참이나 거리가 먼 것처럼 보인다. 그런데 푸코는 고전주의의 낡은 원리를 충실히 따르는 듯싶은 마그리트의 회화가 사실은 클레나 칸딘스키의 작업과 마찬가지로, 전통적 재현 공간의 지배에 도전한다고 주장한다.

마그리트가 대표작 〈이미지의 배반〉(1929)을 차이와 반복의 유희 속에서 발전시킨 작품 〈두 가지 신비〉(1966)는 그의 전복적 면모를 명확히 보여준다. 그림 안의 삼각대 위 액자에는 파이프 모양의 그림이 그려져 있고 그 밑에는 '이것은 파이프가 아니다'라는 문구가 적혀 있다. 액자 바깥의 허공에는 훨씬 큰 파이프가 회색 벽을 배경으로 떠 있다. 이렇게 해서 그림은 고전주의 회화의 원리를 전형적으로 구현한 것처럼 나타난다. 조형 기호와 분리된 언어 기호는 그림에 달린 제목인 양 제시되며, 크고 작은 두 개의 파이프 그림은 '그것이 곧 파이프'라는 확언을 한 번만으로는 모자라 거듭해 다짐받고 있는 것 같다. 그런데 푸코가 보기에, 이 그림은 "마그리트가 은밀하게 만들었다가 조심스럽게 흐트러뜨린 칼리그람"이다. 프랑스 시인 아폴리네르가 창안한 칼리그람calligramme은 시 주제와 연관된 하나의 그림을 이루는 방식으로 시행들을 구성한 시를 말한다. 토끼라는 글자를 되풀이해 써서 토끼 모양을 그리는 간단한 놀이를 떠올리면 이해하기 쉬울 것이다. 푸코에 따르면, 칼리그람은 동어반복이지만, 그러한 중복은 일종의 배제 관계 안에서 작동한다. 즉 그것은 말하는 동시에 보여주지는 못한다. 읽을 때는 보이는 것이 가려지고, 볼 때는 읽히는 것이 말을 멈춘다. 이미지와 텍스트는 따로따로 같은 말을 되풀이한다.

그런데 마그리트의 그림은 마치 이미지와 텍스트가 겹쳐진 칼리그람을 구성했다 해체한 놀이의 흔적 같다. 거기서 '보이는 것'과 '말해진 것'은 서로 다른 방향으로 나아가며 부유하거나 충돌한다. 텍스트의 '이것'은 모호하기 그지없어서 꼬리를 무는 질문을 낳는다('이것'은 파이프인가, 파이프 그림인가, 마그리트의 그림 전체인가, 아니면 문자 그대로의 지시대명사인가? 등등). '파이프'는 그림인 한편, 파이프와 닮은꼴을 이루며 고전적인 서체로 쓰인 글자(Ceci, une, pipe)로서 시각적인 동시에 언어적이다. '아니다'는 이미지의 이름과 텍스트의 지시 대상을 동시에 부인하면서 둘의 양립 가능성을 소거한다. 그리하여 푸코가 보기에, 너무 빤한 파이프 형태의 그림에 침입한 '이것은 파이프가 아니다'라는 문구는 조형 요소와 언어 요소 사이의 휴전 지대에서 갈등과 소음을 일으킨다. '이미지와 텍스트의 분리'라는 원리는 어느새 힘을 잃고, 양자는 대등한 자격으로 풀릴 수 없게 얽혀버린다. 그런데 그 얽힘의 기반은 역설적이게도 둘을 받쳐줄 수 있는 공통 지점lieu commun(프랑스어로 이 관용구는 '상투적 고정관념'의 뜻 또한 지닌다)의 부재에 있다. 그리하여 관람자는 이미지와 텍스트가 만나고 헤어지고 안정 상태에 놓이는 공통 지점을 도통 찾을 수 없으며, 이 그림에서 무엇을 보고 무엇을 읽어야 하는지 판단할 수 없는 지경에 이른다.

마그리트가 흩어놓은 칼리그람은 외부의 대상을 되풀이해 지시하는 대신, 오히려 그러한 존재 자체를 시야에서 사라지게 만든다. 재현의 원본, 닮아야 할 모델이 증발하는 순간, 유사성 아닌 상사성similitude의 계기가 도래한다. 푸코의 구분에 기대자면, 유사성은 하나의 모델을 모방하고 복제본을 그 원형에 근접하도록 이끄는 반면, 상사성은 원본에 충실하면서도 그것을 아예 대체해버림으로써 그 지배권을 강탈한다. 마그리트의 그림은 바로 이 후자의 차원을 열어젖힌다. 이와 함께 외부의 모델은 더 이상 존재하지 않으며, 원형의 무한한 패러디, 시작도 끝도 없는 차이의 연쇄만이 남는다. 한 캔버스 안에 나란히 묶여 있는 두 개의 파이프 이미지는 지시 대상에 대한 재현 관계에서 풀려나 확언을 혼란스럽고 무질서하게 만든다. "유사성은 단일한, 언제나 똑같은 단언을 내포한다. 이것, 저것 또 저것, 저것은 이런 것이다, 라는 식이다. 상사성은 상이한 확언들을 배가시킨다. 그 확언들은 함께 춤춘다. 서로 기대면서, 서로의 위에 넘어지면서." 그리하여 "그 어떤 것도 재현하지 않으며, 캔버스의 구도 안에서 달리고 늘어나고 퍼지고 서로 응답하는 전이의 놀이"를 매개로 마그리트는 '유사성과 확언의 결합'이라는 고전주의 회화의 또 다른 원리를 비켜 간다. 마침내 남는 것은 "'마치 무엇무엇과 같다'에서 해방된, '동일자'의 회화"다. 마그리트는 이렇게 캔버스의 바깥에 실재가 존재하고 회화의 임무는 그것을 재현하는 데 있다는 고전주의적 원칙-한계를 넘어서 새로운 공간을 구성한다. 그것은 시뮬라크르로 충만한 '내부'의 공간이자, 불안정한 '표면'과 '침묵'의 공간이며, 실재와 무관한 '순수하게 회화적인 것'의 공간이다.

『이것은 파이프가 아니다』는 푸코가 미술비평가이기 이전에, '고고학자'라는 새삼스러운 사실을 일깨워준다. 고고학자는 담론의 역사에서 어떤 단절을 가져온 사건들을 식별해내고 또 숙고한다. 이를 통해 그는 단절 이전의 담론 장에 내재한 문제틀과 규칙성, 관습과 제약을 객관화해내는 것이다. 예외는 규칙을 폭로하고 가시화한다. 이는 1968년 푸코가 문학비평가 클로드 본포이Claude Bonnefoy와 나눈 대화에서 말한, "우리 시선에 너무 가까이 있어서 볼 수 없는 것을 출현하게 하는" 진단diagnostique의 작업과도 맞물린다. 그리하여 고고학자는 그림의 내용이 무엇인지 묻지 않고 그것이 어떻게 작동하는지 질문하며, 작품이 무엇을 의미하는지 묻지 않고 그것이 무엇을 수행하는지 질문하는 것이다. 이 '회화의 고고학'이 연대기적으로 너무 방만하고 『말과 사물』이 제시한 '지식의 고고학'에 그대로 포개지지 않는다면, 그 한 가지 이유는 아마도 '볼 수 있는 것'과 '말할 수 있는 것'의 거리 때문일 테다. 그런데 어쩌면 그 거리야말로 비평, 아니 철학이 태어나는 장소일지도 모른다.

사 라 짐

컨베이어벨트 위로 이동하는
전시 관람객

『**공공도서관 문 앞의 야만인들**

애드 디 앤절로 지음, 송경진·차미경 옮김,
일월서각, 2011

아도르노를 비롯한 프랑크푸르트 학파의 '문화산업'에 대한 공격은
이제 엘리트주의와 전통주의라는 낙인과 함께 문화에 대한 낡은 이
론들의 보관함 깊은 곳에 방치되어버린 것 같다. 예술사회학이나
문화연구를 소개하는 개론 수업에서 간혹 언급될 뿐인 그들의 문화
산업론을 누군가 적극 옹호한다면 그 사람은 급진 좌파가 아니라 보
수 우파로 간주될 것이다.

　　최근의 문화 민주주의에 관한 논의들은 오히려 문화산업의 소
비자를 적극적 행위자로 평가하는 경향이 강하다. 문화는 경험과
감각의 영역으로 재정의되며, 수동적이고 관조적인 관람객이 주를
이루는 고급 예술에 비해 콘텐츠를 적극적으로 수용하고 활용하는

문화산업의 소비자가 오히려 민주적 주체로 인식되고 있다. 특히 디지털 기술과 산업이 결합되면서 '롱테일 경제'가 활성화되고 누구나 크리에이터가 될 수 있는 가능성이 열리게 된 것이다.

프랑크푸르트학파를 무덤에서 되살리는 것처럼 보일 수도 있겠으나 일부 연구자들은 디지털 기술과 결합한 문화산업의 재구조화에 대해 매우 비판적이다. 질적 판단은 양적 평가로 대체되었고 조회수, 추천수 등의 척도가 문화생산의 경향을 뒤바꾸고 있다. 영화산업에 종사하는 사람들은 '썩은 토마토rotten tomatoes'의 평점에 목을 매고 있다. 문학에 종사하는 사람들은 온라인 서점의 세일즈 포인트에 목을 매고 있다. 예술가들은 온라인과 오프라인을 아우르는 '플랫폼 노동'에 종사하면서 창작의 자율적 시간을 확보하는 데에 곤란을 겪고 있다.

문화민주주의라는 명분을 가지고 진행되는 '향유자 중심'의 프로그램들은 점점 더 다수의 판매와 관람이라는 목표를 최우선으로 삼으며 업무 전략과 조직 구조를 재편해가고 있다. 이 과정에서 공공 예술기관들은 문화산업의 전략과 구조를 모방하면서 효율적인 모객과 수익 극대화를 지향해간다.

하나의 예를 들어보겠다. 서울시립미술관은 최근 데이비드 호크니 전시를 유치하면서 매우 특이한 전략을 구사했다. 호크니의 작품들은 미술관 내 2층과 3층의 3개 전시실에 연대기순으로 전시됐는데, 미술관은 각각의 전시실을 빠져나온 관람객들에게 재입실을 불허했다. 내가 직원에게 그 이유를 물으니, 다수의 관람객들을 관리하기 위해 불가피하게 그런 결정을 내렸다고 했다. 나로서는 전시 전체에 대한 입장료를 지불했는데도 불구하고, 미술관 내에 오래 머물면서, 호크니의 초기와 후기를 비교하면서 혹은 자유롭게 전시실을 오가면서, 내 방식대로 전시를 관람할 수 없도록 하는 정책이 이해가 되지 않았다. 그러한 정책은 포디즘의 컨베이어벨트 시스템처럼 관객들로 하여금 선형적으로만 움직이며 관람을 하도록 강요하는 것처럼 보였다.

애드 디 앤절로의 『공공도서관 문 앞의 야만인들』은 두 가지 점에서 흥미롭다. 하나는 공공 문화기관이 담당했던 시민교육이라는 책무가 신자유주의적 경영 기법에 의해 어떻게 훼손되어가는가를 보여준다는 점이다. 또 다른 하나는 공공 도서관이라는 기관 자체에 대해 우리가 알지 못했던 지식과 정보를 보여준다는 점이다. 비록 미국의 사례이지만 한국의 공공 문화기관에 대해 던지는 시사점이 큰 책이다.

앤절로에 따르면 미국의 공공 도서관은 본래 단순히 책을 보관하고 대출하는 기능적 공간이 아니었다. 18세기 이래로 공공 도서관은 민주주의와 시민 교육을 통해 공익에 이바지하는 공론 공간이었다. 레크리에이션은 그저 남는 시간의 활동이 아니라 사람들이 스스로를 시민으로 성숙시키는 활동이었기에 정부가 공적으로 책임져야 하는 대상이었다. 앤절로는 공공 도서관의 전통이 20세기 중반 이후의 포스트모던 정보경제하에서 파괴되어 가고 있다고 주장한다. 도덕적 차원이 결여된 순수한 자본 축적이 목표인 신경제의 경영 기법을 습득한 사서들은 교육자와 지식인이 아니라 고객 서비스 기술자로 전락해가고 있다. 그렇기에 현대의 사서들은 "식민지 시대 뉴잉글랜드를 배경으로 한 좋은 역사 소설 작품을 좀 추천해주시겠어요?"라는 질문에 대한 답변은 제공하지 못하지만, 도서관의 몇 층에 카페와 휴게실이 있는지에 대해서는 친절한 얼굴로 안내해줄 수 있다.

앤절로는 말한다. "자료 선정, 참고 서비스와 독자 상담 등의 업무는 21세기의 포스트모던 도서관에서 점차 사라지고 있으며......준전문가들은 대부분의 일과를 '인포메이션 데스크'에 앉아 '고객 서비스'를 수행하는 데 보내고 있다......석사 학위를 가진 사서들은 도서관의 관리자로 일하게 될 것이다. 하지만 분명히 앞으로의 리더들은 경영관리나 공공계획 쪽의 학위를 가진 사람들이 사서들보다 더 자격을 갖춘 관리자라는 것을 알게 될 것이다."

한국에서는, 조금 다른 방식으로 교육자, 지식인, 비평가로서의 사서들이 사라져가고 있는 게 아닌가 짐작해본다. 도서관학은 '문헌정보학'으로 전공명이 바뀐 지 오래이며, 이제 전공자들이 배우는 것은 빅데이터와 UI/UX 같은, 정보경제가 요구하는 기술과 지식들이다. 아마 문헌정보학을 전공한 학생들은 도서관보다는 빅데이터 관련 기업에 취직하는 것이 직업적 지위나 급여의 측면에서 더 유리하다 판단할 수 있다.

한국의 공공 도서관은 최근 들어 '복합 문화 공간'으로 그 기능을 바꾸면서 시민을 대상으로 한 다양한 프로그램을 기획하여 제공하고 있다. 이러한 기획하에서 작가들은 도서관에서 일정 기간 강사로서 혹은 상주 작가로서 협력 관계를 맺으며, 시민들과 교육 및 워크숍 강좌를 진행하기도 한다. 그러나 도서관에서 진행되는 작가 협력 사업은 어떤 의미에서는 앤절로가 말한 "아웃소싱"이며 "잘 관리된 행사를 통해 '재미'를 주는", 요컨대 "코니아일랜드"로 변화하는 도서관의 면모를 보여주는 증거라 할 수 있다. 이러한 사업들은 그 평가에서 참여자수의 증가나 가시적인 결과물을 요구하기에, 장기적인 지식 축적과 문화적 역량 강화로 이어지지 못한다. 최악의 경우, 사업을 수행하는 도서관은 예산 확보와 전시 효과에만 치중하기에, 작가들을 피고용인으로 취급하고 자신들이 관행적으로 수행해온 프로그램을 떠맡기려 든다.

이제 공공 도서관 사서들의 역량은 얼마나 행정을 잘 수행하느냐, 혹은 작가 섭외 능력이 있느냐, 혹은 참신한 기획을 내놓느냐 하는 기준으로 평가된다. 그들은 도서관에서 소장하고 있는 수많은 책들을 시민들의 삶과 연결시키는 지식과 상상력을 개발하는 훈련을 제공받지 못한다. 이러한 현상은 현대의 공공 미술관들이 소장품이나 상설전이 아니라 기획 전시와 투어 전시를 통해 대중성과 명성을 쌓으려는 경향과 유사하다고 할 수 있다. 현대 공공 문화기관의 혁신이란 '핫'하고 '힙'한 이미지의 달성을 뜻한다.

앤절로의 책이 흥미로운 점은 무엇보다 가감 없는 비관주의에 있다. 앤절로는 공공 도서관 혹은 공공 문화기관의 미래에 대해 어떤 대안이나 해결책을 제시하지 않는다. 책의 마지막 문장은 "이것이 바로 사서들이 도서관에서 제거되는 경로다"이다. 책은 마치 지식인으로서의 전문가 시대의 종언을 선포하면서 끝을 맺는 것 같다.

나라면 사서가 사라진 자리에 나타난 새로운 전문가들을 언급할 것 같다. 새로운 전문가들은 공공과 민간을 구별하지 않는다. 이들은 조직 내부와 외부를 구별하지 않는다. 이들의 힘은 네트워크와 데이터이다. 이들의 무기는 프로젝트이다. 이들의 커리어는 노동자에서 관리자로, 관리자에서 경영자로 상승하지 않는다. 이들은 노동자이자 관리자이자 경영자이다. 단지 그 비율에 따라 그들의 사회적 지위가 결정될 뿐이다. 이러한 결론은 비관론도 낙관론도 아니다. 그저 있는 그대로의 현실을 말하고 있을 뿐이다.

장소가 사라진 자리에 심는 '유토피아의 조각들'

『비장소』

마르크 오제 지음,
이상길·이윤영 옮김, 아카넷, 2017

파리에 사는 기업인 피에르 뒤퐁 씨는 장거리 해외 출장을 위해 차를 몰고 고속도로를 달려 드골공항으로 간다. 공항 지하 주차장에 차를 세워놓은 뒤, 그는 여유 있게 체크인을 하고 면세점에서 선물용으로 고가의 술과 담배를 쇼핑한다. 남는 시간 동안 공항을 느긋이 어슬렁거리다 에어프랑스에 탑승한 뒤퐁 씨는 비즈니스석에 몸을 묻고 최고급 호텔 체인과 최신 자동차 광고가 실린 잡지를 뒤적이다가 스르르 편안한 잠에 빠진다...... 뒤퐁 씨는 가상의 기업인이다. 그는 실세의 '누군가'는 아니지만, 또 '누구나'가 될 수도 있는 인물이다. 이러한 인물의 평범한 일상을 유려하게 묘사하며 시작하는 책『비장소』는 프랑스 인류학자 마르크 오제의 대표작이다. 1992년 원서 출간 직후부터 이 책은 공간 관련 연구와 논의에서 빼놓을 수 없는 핵심 참고 문헌의 하나로 자리 잡았다. 공간과 장소가 중요한 화두로 떠오른 20세기 후반 이후의 예술 창작과 비평에서도 사정은 다르지 않다. 많은 작가와 예술가들이 비장소에 대해 고민하고, 그것을 화두로 삼은 작품을 내놓는다. 큐레이터와 비평가의 담론에서도 비장소는 종종 출몰한다.

이 책의 핵심적인 기여는 제목이기도 한 '비장소' 개념의 창안과 체계화에 있다. 책에서 오제는 "이동(교통), 소비, 커뮤니케이션이 이루어지는 장소"를 가리키는 새로운 용어로 비장소를 제안한다. 자동차, 고속철, 비행기 같은 교통기관, 고속도로, 역, 공항 같은 이동을 위한 각종 시설, 호텔이나 리조트, 수용소 같은 일시적 체류 장소, 백화점, 쇼핑몰, 대형마트 등의 소비 공간, 그리고 텔레비전이나 인터넷 같은 미디어 네트워크가 이른바 "경험적인 비장소들"이다. 가상의 뒤퐁 씨가 오가는 모든 곳이 바로 그 생생한 실례인 셈인데, 오제가 이를 책 서두에서 짧은 이야기 형식으로 세세히 묘사한 이유도 1990년대에 막 들어선 세계에서 이 비장소들이 일상적으로 얼마나 널리 퍼져 있으며 또 당연하게 받아들여지고 있는지 보여주고 싶었기 때문일 것이다.

자동차, 고속도로, 공항, 면세점, 비행기, 호텔 등 다소 이질적인 듯 보이는 이 (비)장소들은, 오제에 따르면, 그 성격상 전통적인 장소와 대척점에 있다는 분명한 공통분모 위에서 한데 묶인다. 인류학적 의미에서 장소란 역사가 새겨지고 관계가 만들어지며 정체성에 개입하는 곳이다. 집이나 학교를 떠올려보자. 우리는 모두 거기서 살고 자라났다. 나이 들어가는 우리와 함께 늙어가는 그곳은 나름의 이야기들을 가지며, 천천히 쌓이는 세월의 더께를 오래된 장식과 빛바랜 외양, 낡고 퇴색한 건물로 드러낸다. 거기서 우리는 가족, 선생, 친구 등 다른 사람들과 만나고 부대끼며 교류한다. 교회, 단골 상점, 시장, 골목길, 놀이터...... '나'와 '우리'를 만든 장소의 목록은 끝없이 이어질 수 있다. 그리하여 스스로 되돌아볼 때 우리는 자신이 그 장소와 떼놓을 수 없는 온갖 기억, 감정, 경험으로 이루어져 있다는 사실을 깨닫기에 이른다.

　오제가 개념화하는 비장소는 이렇게 "유기적 사회성"을 빚어내는 전통적 장소의 기능을 수행하지 않는 장소라 할 수 있다. 부정적으로 규정하자면, 비장소는 역사를 살게 하지 않고 관계를 만들어내지 않으며 정체성의 구성에 기여하지 않는다. 공항이나 호텔, 쇼핑몰의 늘 새것인 양 매끈하고 번쩍번쩍한 공간에서 우리는 더 이상 시간의 무게를 느끼지 못하며, "영원한 현재"에 깃든다. 거기서 우리는 수많은 사람을 보고 또 스쳐 지나가지만 별다른 관계를 맺지는 않는다. 그곳은 우리에게 특별한 의미를 띠지 않는다. 나만의 고유한 장소가 되기엔 그것이 종종 너무 많고 비슷비슷해 쉽사리 대체 가능하기 때문이다. 우리는 맥도날드, 코스트코, 이비스 호텔을 서울이나 부산은 물론, 뉴욕, 홍콩, 파리 등 세계 곳곳에서 같은 외관과 분위기로 만날 수 있다. 우리는 그곳을 그저 통과하는 경우가 대부분이며, 기껏해야 잠시 머물 따름이다.

이러한 비장소의 일반화가 초래하는 결과는, 오제가 보기엔, "고독한 계약성"의 만연이다. 공동의 기억과 경험, 이야기와 상호작용을 통해 사람들 간의 긴밀한 유대를 낳는 장소와 달리, 비장소는 거기 접근할 수 있는 일정한 능력(시민권, 면허증, 구매력, 접속 ID 등)을 가진 개개인을 운전자, 탑승객, 고객, 소비자, 시청자 같은 추상적 범주 아래 제각기 호명한다. 이때 상징체계는 공유된 전통과 지속적인 상호작용을 매개로 구축되어가기보다 최소한의 공통언어에 의존한 지시어, 안내문, 광고, 슬로건 등의 형식 속에서 일방적으로 부과될 따름이다. 타자와의 관계에서 풀려난 익명적 개인들은 자유로우면서도 고독하고, 제각각이면서도 남들과 유사하다. 결국 비장소가 세계적으로 증가하고 있다는 것은 우리가 물리적으로든 상징적으로든 "따로 또 같이 살아가는" 존재론적 역설 속에 놓이게 되었다는 뜻이다. 그 안에서 우리는 "고독하지만 행복하다."

1935년생인 오제는 원래 아프리카 전문가로 학문적 이력을 쌓았으나, 1980년대 중반부터는 동시대의 자문화에 대한 연구로 눈을 돌려 이른바 '가까운 곳의 인류학'을 개척해나갔다. 그러한 범주에 속하는 오제의 에세이로는 『나이 없는 시간』, 『카사블랑카』, 『일상 속 행복』, 『망각의 형태』 등이 우리말로 옮겨져 있다. 그는 특히 1980년대의 달라진 (서유럽) 대도시 정경에 주목해 『비장소』를 저술한 것으로 알려져 있다. 그 정경의 변화는, 오제의 관찰로는, 근대성으로부터 초근대성surmodernité으로의 '거대한 전환'의 일부를 구성한다. 그러한 이행은 시간의 가속화와 역사의 방향 상실, 지구 공간의 축소와 비장소의 증가, 그리고 규범적·해석적 준거 체계의 다양화로 인한 개인주의의 강화가 맞물리면서 일어났다. 달리 말하면, 시간과 공간, 주체 차원의 어떤 극적 변화 양상들은 우리가 더 이상 근대성 아닌 초근대성의 세계에서 살고 있다는 사실을 일깨워 준다는 것이다.

오제에 의하면, 비장소를 포함해 우리가 새롭게 경험하는 '과도함excès'의 현상들은 과거와 현재의 비교적 조화로운 공존으로 특징지어졌던 근대성의 발전 과정이 질적인 단절로까지 나아간 세계의 징후라 할 수 있다. 인류학자가 보기에, 우리가 사는 '지금'은 역사 속의 현재, 과거와 이어진 현재, 과거로부터 의미를 끌어내는 현재가 아니다. 이는 비단 역사에 대한 감각뿐만 아니라 공간의 작동 논리, 개인의 의미 구성 실천에서도 뚜렷이 나타나는 새로운 전환이자 이행이다. 오제는 이러한 초근대성의 출현에 1980년대 이후의 신자유주의적 전 지구화 추세, 그리고 각종 교통·통신 테크놀로지의 발달이 결정적인 역할을 한 것으로 추정한다. 사반세기 전에 오제가 그 낌새를 포착했던 거대한 사회적 변화는 이제 부인할 수 없는 확고한 현실이 되었다. 세계 곳곳에서 대도시를 중심으로 일어나고 있는 비장소의 성장과 증식은 그 단적인 예다. 우리는 이미 대부분의 생활을 비장소에서 영위하고 있다 해도 과언이 아니다. 동시대 공간과 문화 관련 연구들에서 『비장소』가 끊임없이 소환되는 이유가 거기 있을 것이다.

이 책은 우리 사회에서도 계속 확산되어만 가는 경험적

비장소들의 연구에 기본적인 참조점을 제공해준다. 오제가 초안을 제시한 비장소의 개념과 특성은 공항이나 호텔, 대형마트 등의 실제 공간은 물론, 인터넷과 가상공간, 디지털 미디어 같은 기술적 대상들의 체계적인 분석에도 유용하게 쓰일 수 있다. 같은 맥락에서 『비장소』는 현재 공간을 중심으로 벌어지는 다양한 사회 현상과 갈등의 이해에도 중요한 개념 틀을 제시한다. 오제는 비장소를 명확한 경험적 실체로 다루면서도, 장소/비장소 구분의 모호하고 유동적인 성격을 시인한 바 있다. 즉 정의상 비장소인 공간이라 할지라도 공간 내의 행위자들이 그 공간과 어떤 관계를 맺는가에 따라 장소로 변할 수도 있다는 것이다. 그렇다면 『비장소』의 논의로부터 '장소화'나 '비장소화' 같은 개념들을 적극적으로 끌어내고, 최근 첨예한 공공 의제로 떠오른 '장소투쟁'을 새롭게 조명해볼 수도 있을 법하다.

예컨대, 대도시 곳곳의 젠트리피케이션이라든지 대다수 지역의 관광지화, 고시원과 편의점의 급증, 미디어 스펙터클의 범람 등은 우리 주위의 일상 공간이 극단적인 '비장소화' 경향 속에서 재편되고 있다는 사실을 시사한다. 젠트리피케이션이나 관광 산업의 성장은 대개 전통적인 장소들을 비장소들로 대체하는 결과를 가져온다. 이는 아파트와 대형마트의 범람에서 보듯이 집이나 동네 상점들마저 장소로서의 의미를 잃은 채 비장소로 변모해가는 추세와 더불어, 개인과 공동체의 삶에 예기치 못한 여러 가지 문제를 유발한다. 비장소로서 인터넷과 SNS의 발전 역시 마찬가지다. 하지만 이러한 진단은 토건 자본에 대한 시민사회의 저항에서부터 자발적인 '마을 만들기', 온라인 공동체의 구성에 이르기까지 다양한 형태로 나타나는 '장소화'의 길항력 또한 고려해야 한다.『비장소』는 이처럼 '장소화와 비장소화의 변증법'이 빚어내는 역동성 속에서 우리 사회의 공간 문제를 심층적으로 파악하는 데 도움을 준다.

　하나 더 덧붙일 것은『비장소』가 예술작품의 창작과 비평에도 다채로운 영감의 원천으로 작용할 수 있다는 점이다. 이는 단순히 건축이나 공공미술, 장소 특정적 예술 등이 동시대 미학 담론과 실천의 중심축으로 부상했기 때문만은 아니다. 그 주된 이유는 오히려 비장소의 확장에 뒤따르는 어떤 정서 구조가 예술가를 위시한 많은 사회 구성원들의 의식과 상상 세계를 은연중에 사로잡아버렸다는 데 있을 것이다. 예컨대, 우연일 테지만, 우리 사회를 좀비 바이러스가 퍼지는 디스토피아로 그려낸 연상호 감독의 애니메이션 〈서울역〉은 온통 비장소의 풍경으로 가득 차 있다. 역, 여관, 수용소, PC방, 자동차, 지하도, 모델하우스 같은 '장소 아닌 장소들'을 노숙자, 가출청소년, 좀비 등 집을 잃은 다양한 인간 군상이 유령처럼 배회하는 것이다.

　물론 비장소를 단순히 구현하거나 재현하는 태도만이 예술가가 할 수 있는 몫의 전부는 아니다. 사실 오제는 이 책의 영역본 제2판 서문에서 "아마도 오늘날의 예술가와 작가 들은 '비장소' 속에서 아름다움을 추구하도록, 시사적인 사건들의 외견상의 자명성에 저항함으로써 아름다움을 발견하도록 운명지어져 있을 것"이라고 지적한 바 있다. 그는 특히 탁월한 건축가들이 공항, 기차역, 하이퍼마켓 등 전형적인 비장소들을 "공동의 공간communal spaces"으로 구상함으로써, 그 이용자들에게 어떤 장소성을 경험하도록 만들어줄 수 있을 것이라고 말한다. 그러므로 비장소가 초래하는 수동성과 불안의 이면에서 우리가 새로운 기대와 희망을 놓지 말아야 한다는 것이다. 그의 제안처럼, 비장소에서 "유토피아의 조각들"을 보고 만들고 또 이야기하는 일이야말로 초근대성의 세찬 조류에 휩쓸려 무작정 떠내려가지 않을 수 있는, 유일하지는 않을지 몰라도 가장 현실적인 방책일 터이다.

정치

우리가 몰랐던
시의 정치

『시인을 체포하라』

로버트 단턴 지음, 김지혜 옮김,
문학과지성사, 2013

한국에는 '문장가'라는 말이 있다. 서양에는 'Man of Letters'라는 말이 있다. 둘 다 직업과는 상관이 없다. 하지만 사회적 지위와는 꽤 상관이 있다. 조선의 양반들은 인격과 지성의 고매함을 표현하는 매체로 '문文'을 중시했고 서양 또한 마찬가지였다. 그러나 글은 그저 아름답고 고상하기만 한 표현물은 아니었다. 글은 생각을 담았고 그 생각은 관행적이고 지배적인 생각을 의문시하고 때로는 전복하려 했다.

르네상스 시기의 인문주의와 조선 시대의 실학 모두 문文의 힘을 빌려야 했다. 18세기 서구의 계몽주의자와 조선 후기의 실학파는 불온한 글쟁이들이었다. 이들의 직업은 체제로부터 주어졌으나

144

그들의 글은 반체제적이었다. 그러나 이들은 어찌 됐건 엘리트였고 대중들과 일정한 거리를 유지했다. 이들의 글이 대중들 속으로 유입해 그들의 행동에 직접적으로 영향을 끼치는 경우는 흔치 않았다.

글과 대중이 만나기 위해서는 대량 생산을 가능케 하는 인쇄술과 대량 소비를 가능케 하는 시장이 필요했다. 소위 문화산업의 등장으로 대중과 유리된 지위 집단이었던 문장가들은 작가writer라는 직업을 통해 대중과 만나게 되었다. 그러나 '지위적' 성격은 잔존했다. 그들은 남들에게 없는 선견지명과 재능의 소유자다. 바로 그런 이유로, 어떤 작가들은 대중들에게 이해받지 못하고 시장 바깥에서 자신들만의 제도를 형성하여 자율성과 정당성을 천명한다. 요컨대 지위와 직업의 모순적 공존, 이것이 바로 작가들의 '업'인 것이다.

문화산업이 등장하기 전에도 글이 대중과 만날 수 있었을까? 있었다. 사실 글이 대중과 만나기 위해서는 이런저런 조정이 필요했다. 예컨대 조선에서 소설이 대중들에게 읽히려면 한문이 아니라 한글로 작성되어야 했고 오락적 요소가 가미되어야 했다. 저자나 원작에 대한 논란이 있지만 허균의 『홍길동전』이 대표적일 것이다.

아마도 인쇄술과 문화산업 이전, 시는 지식인과 민중, 글과 공연을 오가며 공감대를 확장할 수 있는 가장 강력한 장르였을 것이다. 고대 그리스에서 시는 연극과 노래를 위한 대본이었다. 당연히 연극과 노래는 가장 대중적인 장르였다.

플라톤과 아리스토텔레스가 그토록 시에 관심을 가졌던 이유는, 바로 그것이 사람을 움직이는 힘을 가졌기 때문이다. 시는, 특히 공연되는 시는 공동체 구성원들에게 교훈을 가르칠 수도, 즐거움을 불러일으킬 수도, 혹은 불온한 생각을 주입할 수도 있었다. 플라톤은 심지어 시인을 공동체에서 추방하자고 했고, 아리스토텔레스는 선한 남자 영웅만을 주인공으로 삼아야 한다고 했다. 이 모든 규율들이 시의 치명적 매력에 대한 두려움 탓이었다.

시는, 그것이 적절한 미디어로 전환되고, 적절한 사회적 조건과 만난다면, 지식인 세계 안에서건, 민중의 세계 안에서건, 혹은 양자를 가로지르건, 사회적으로 꽤나 확산되었다. 한국의 경우라면, 한시, 시조, 민요 등이 그러했을 것이다.

사회학적으로 궁금한 지점은 산업과 시장과 제도가 등장하기 전, 시가 특정 세계 안에서, 혹은 서로 분리된 세계를 가로지르며 확산되는 과정이다. 한시는 글을 통해서, 시조는 글과 낭송을 통해서, 민요는 노래를 통해서 그러했을 것이다. 그런데 만약 이 모든 시들이 동일한 사회적 의사소통망 속으로 들어가 정치적 파장을 일으킨다면?

이 질문에 대한 답은 『고양이 대학살』로 유명한 로버트 단턴의 또 다른 명저 『시인을 체포하라』에서 찾아볼 수 있다. 책은 1749년 루이 15세를 풍자 비방한 시를 유포한 대학생과 하급 성직자를 체포한 소위 '14인 사건'을 다룬다. 단턴은 프랑스의 도서관을 뒤져 수집한 자료들로 14인 사건의 전모를 파악하고 분석한다. 독자는 마치 추리소설을 읽듯 작은 단서의 조각들을 이어 맞추며 더 큰 그림으로 나아가는 재미를 느끼게 된다. 단턴에 따르면 시는 필사와 구전을 통해, '노가바(노래 가사 바꿔 부르기)' 식의 변형을 통해 궁정 사회에서 저잣거리로 확장되며 정치적 목소리로 마름질되었다. 단턴은 이 같은 독특한 시의 유통망이 당대의 광범한 의사소통망을 드러낸다고 주장한다.

단턴은 14인 사건을 분석함으로써 거시 담론이 놓치고 있는 '문화적 공론장'(하버마스)의 미시적 작동을 포착하려 한다. 왜 한낱 시를 놓고 경찰이 달려들어 작성자와 유포자를 체포하려 했는가? 정말 시가 그토록 강력했는가?

단턴에 따르면 시 안에 녹아들어가 있는 급진적 메시지가 전부는 아니었다. 그 안에는 궁정 세계의 권력 투쟁이 반영돼 있었다. 문제가 된 시는 궁정 세계 전체가 아니라 그중의 한 파벌을 조롱하고 있었기에 문제시되었다. 마치 한국의 한 시인이 자신의 불온함 때문만이 아니라 김대중 내란음모 사건의 관계자로 고문을 받고 재판을 받은 것처럼 말이다.

그럼에도 시는 어떻게 해서 강력한 정보 전달의 매체가 되었을까? 바로 시의 독특성 때문이다. 단턴은 그것을 시의 다의성과 노래적 성격에서 찾았다.

그 시는 노래로 불리는 신문 같은 것이 되어 세간의 사건에 대한 논평을 가득 담고 있었고, 폭넓은 대중에게 호소할 수 있을 만큼 충분히 재미있고 외우기 쉬운 것이 되었다. 더욱이 듣는 사람이나 노래 부르는 사람이나 자신의 취향에 맞게 시를 변형할 수 있었다. 시사적인 노래는 하나의 유동적인 매체로서 서로 다른 집단의 기호를 흡수할 수 있었고, 하나의 전체로서 대중의 관심을 끄는 모든 것을 포함할 만큼 확장될 수 있었다.

이러한 시의 특성은 현대시와 비교할 때, 흥미롭게 다가온다. 현대시의 경우는 시인 자신조차 외울 수 없을 정도로 난해하다. 현대시를 그대로 가사로 삼아 노래를 만든다면 그 노래의 흥행 가능성은 매우 낮을 것이다. 더구나 한 번 작성된 시는 변형되어 유포될 수 없다. 그것은 당장 저작권 침해가 된다.

하지만 현대시에도 다의성은 존재한다. 시 자체는 변형될 수 없지만 시의 문장 자체는 대상과 심상이 예측 불가능한 방식으로 뒤섞여 나오는 것이다. 이 때문에 독자는 시인의 창작물을 자유롭게 해석하는 역능을 발휘할 수 있다. 현대시는 외울 수도 변형할 수도 없지만 어떤 글보다도 강력하게 독자의 마음을 사로잡는다.

단턴은 기술도 시장도 없던 과거에도 현대 사회의 소셜미디어 못지않은 의사소통망이 존재했다고 주장한다. 그리고 그 의사소통망의 한가운데 시가 있었다.

> 비록 파편적일지라도 모든 증거는 두 가지 결론을 시사한다. 하나는 경찰이 입수한 시는 엄청난 규모의 저항 문학 중 극히 일부에 불과하다는 것이고, 다른 하나는 14인 사건의 의사소통망은 거대한 의사소통 체계의 아주 작은 일부에 불과하며, 그 체계는 파리 시민사회의 모든 부문에 뻗어 있었다는 것이다.

그렇다면 시의 전문화, 시의 제도화, 시의 매니아화야말로 의사소통 매체로서의 시가 갖는 독특성을 위축시키는 과정이라고 볼 수 있지 않을까? 요한 하위징아라면 이에 대해서 이중적인 진단을 내렸을 것이다. 시의 전문화는 사회 전체에 퍼져 있던 유희성이 특정 집단의 예술 활동으로 축소되는 과정인 동시에, 그 특정 집단이 시의 유희성을 자신들의 전문 역량을 통해 강화하는 과정일 수 있다는 것이다.

그러나 현대의 소셜미디어 또한 시와 결합한다. 수익성이나 판매량을 따지자면 시보다는 소설이 훨씬 시장 가치가 높을 것이다. 그러나 한국은 물론 서구에서도 소셜미디어에 더 많이 언급되고 유포되는 것은 소설이 아니라 시다. 시의 압축성과 강렬함이 오히려 소셜미디어의 소통 방식에 부합하기 때문이다. 소셜미디어를 통해 시는 전문 시인의 지위와 직업에서 해방된, 때로는 그들의 저작권을 위협하는, 새로운 의사소통 도구가 될 수 있는 것이다.

시와 정치에 대한 문단의 담론은 시인의 정치적 의식, 시의 형식적 특성에 치중되어 왔다. 그러나 시가 유통되고 향유되고 공동체와 관여하는 양상 또한 시의 정치에 있어 중요한 구성 요소라고 할 수 있다. 이란의 녹색 운동Green Movement 당시, 시인과 시민 모두 칠흑 같은 밤의 어둠 속에서, 옥상에 올라, 발코니에 나가, 창을 열고 거리를 향해 시와 노래를 읊어댔다. 그리고 이 장면들은 '옥상 프로젝트The Rooftop Project'라는 이름으로 다시금 유튜브에 '재매개'되었다.

옥상 프로젝트는 이란 녹색 운동의 진정성을, 독재 정권하에서도 자유로운 목소리는 어떻게든 발화된다는 사실을 상징적으로 보여주었다. 과거와 현대의 의사소통망 모두에서 시는 때때로 사람들을 움직일 수 있는 가장 급진적인 문학 장르가 될 수 있는 것이다.

문화 정치의
꿈과 절망

『문화는 정치다』

장 미셸 지앙 지음, 목수정 옮김,
동녘, 2011

한국의 문화 정책은 오랜 기간 동안 권위주의적 체제하에서 지극히
제한적인 방식으로 수립되고 실행되었다. 수십 년간 지속된 군사
정권하에서 예술은 민족문화 진흥이라는 지극히 협소한 이데올로
기를 통해 동원과 감시의 대상으로 전락했으며 이에 대해 예술가들
은 협조나 저항 외에는 딱히 취할 수 있는 태도가 없었다.

　　한국 문화 정책이 예술 지원 정책으로 제도화되기 시작한 원년
은 2005년 한국문화예술진흥원이 한국문화예술위원회(이하 '아르
코')로 개편된 시점이라고 볼 수 있다. 아르코는 특히 외부 전문 위원
들의 의사 결정을 기관 운영의 기본축으로 설정했으며, 이에 따라
'형식적'으로는 지원하되 개입하지 않는다는 '팔길이 원칙'을 적용

하기 시작했다(물론 이 팔길이 원칙이 얼마나 공허한 수식이었는지는 박근혜 정권하에서의 블랙리스트 사건으로 만천하에 드러났다).

흔히 아르코는 미국의 국립예술기금National Endowment for the Arts과 영국의 예술위원회Arts Council England를 참조하여 설립되었다고 평가받는다. 아르코 자체의 편제나 운영 방식은 미국과 영국을 모방했을 수 있으나, 한국의 문화 정책 전반은 국가중심주의적인 틀을 유지하며, 따라서 프랑스의 문화 정책과 더 많은 유사성을 공유한다고 볼 수 있다.

프랑스의 문화 정책 전문 연구자인 장 미셸 지앙의 『문화는 정치다』는 '문화 정치'라는 키워드를 통해 프랑스의 문화 산업과 예술계의 변화를 문화 정책과의 관계 속에서 살펴보는 책이다. 비록 프랑스라는 한 나라의 문화 정책과 문화 정치를 다루고 있지만 앞서 언급한 이유로 한국의 문화 정책에 시사하는 바가 적지 않다. 역자 목수정에 따르면,

국내외 예술가들에게 연금을 지급하고, 그들의 예술 작업을 지원하던 군주정 시절부터 예술과 국가의 각별한 관계가 시작되었다고는 하나, 본격적으로 '문화정치'라 명명되는 정치적, 정책적인 결정은 인간 해방의 역사와 함께 시작되었다......그것은 모든 인간이 언제나 자신의 정신을 고양시킬 수 있는 도구를 지녀야 한다는, 문화를 창조하고 누리며 살아가는 인류로서의 당연한 권리에 대한 인식이었다.

역사적으로 프랑스에서 예술의 중요성이 인식되고 많은 예술가들

이 배출될 수 있었던 이유 중 하나는 예술이 궁정사회를 중심으로 한 '사치재'로 기능했기 때문이다. 예술은 군주와 귀족과 성직자의 사회적 지위를 과시하는 주요 자원이었으며, 심지어 디드로나 볼테르 같은 계몽주의자들 역시 한편으로는 권력에 대한 비판을 수행하면서도 다른 한편으로는 귀족사회에 경제적으로 종속된 피고용자였다. 그러나 대규모 문화시장의 증가, 프랑스 아카데미의 권위 하락, 인상주의를 비롯한 아방가르드 예술가 집단의 부상, 연이은 세계 대전 등은 문화예술 영역에서 국가의 역할을 한동안 위축시켰다.

프랑스에서 문화부가 창설된 것은 샤를 드골 정권 치하였던 1959년이었다. 영국예술위원회가 1946년에, 미국의 국립예술기금이 1965년에 설립된 것을 감안하면 프랑스의 문화 정책이 그리 선도적이지 않았다는 사실을 알 수 있다. 영국예술위원회의 초대 위원장은 사회복지를 강조한 경제학자 존 케인스였고, 미국 국립예술기금의 초대 위원장은 예술행정가이자 부동산업자였던 로저 스티븐스였으며, 프랑스의 초대 문화부 장관은 소설가였던 앙드레 말로였다. 이 차이들은 각 나라별 문화 정책의 특징을 보여주는 한편 당시 예술이 사회적으로 어떻게 인식되었는가를 잘 보여준다. 서구에서 예술은 소수 엘리트의 전유물이었으나 국가의 지원을 받아 다수의 시민이 향유하고 그 나라의 문화적 정체성을 대표할 수 있는 공적 가치를 지닌 것으로 인식되었다.

주로 1990년대의 자료에 의존하고 있는『문화는 정치다』에 따르면 문화국가로 알려진 프랑스에서조차 프랑스 인구의 90%는 극장이나 미술관 같은 문화예술 공간을 사용하지 않고 있다. 특히 디지털 시대에 접어든 2000년대에는 그러한 경향이 가속화되었을지

언정 잦아들지는 않았을 것 같다. 그럼에도 프랑스는 말로의 '문화 민주화' 정책에서 시작하여 미테랑 정권하에서 문화부 장관을 역임한 자크 랑의 '문화 민주주의' 정책에 이르기까지 예술을 시민적 삶의 중심에 놓기 위한 노력을 기울였다.

이 과정에서, 특히 미테랑 정권하에서, 다양한 결의 도전이 발생했다. 첫째, 문화 다양성과 문화 민주주의의 기조가 강화되면서 고급 예술과 대중문화의 위계에 대한 도전이 이루어졌다. 문화 민주주의 정책은 아마추어 예술과 재즈와 락 등 문화 민주화 정책이 도외시했던 분야들을 지원 대상으로 삼았다. 둘째, 좌파 정권이 문화 민주주의적 정책을 수행하던 시기는 역설적으로 신자유주의적 경제 원리가 문화 산업을 주도하던 시점이었다. 좌파 정권은 경영 합리성과 수익성의 원칙을 수용했고, 그 어느 때보다 예술은 상업화되었으며, 이에 따라 예술가들은 불안정 노동자로 전락하게 되었다.

프랑스에서 문화 정책과 문화 산업의 변화는 문화 정치를 둘러싼 다양한 이슈들을 제기했다. 프랑스 문화란 누구의 문화이며 어떤 문화를 지칭하는가? 예술가들을 위한 복지와 노동 조건은 어떻게 개선되어야 하는가? 고급 예술의 대중화와 상업화는 예술의 질에 어떤 영향을 미치는가?

무엇보다 이러한 이슈들에 대한 응답은 비평적, 학술적 차원에서만 이루어지지 않았다. 피에르 부르디외의 사회학을 중심으로 예술 교육이 단기간의 학습으로 취향의 평등을 이루어낼 수 없다는 진단을 내놓자 프랑스 문화 정책은 이러한 진단을 정책 안에 수용하면서 혁신을 이끌어내려 했다.

무엇보다 프랑스 문화 정책은 수많은 기관과 연구소와 프로그램을 도입함으로써 이러한 이슈들을 해결하려 했다. 기록보관국, 국립영화센터, 예술문화재위원회, 연극음악문화국, 국립보존위원회, 국립현대미술센터, 문화활동센터, 음악오페라무용국, 퐁피두센터, 국립공공정보도서관, 문화개발국, 국립조형예술센터, 오페라 바스티유 행정사무소, 방송산업 지원기금......열거하자면 한도 끝도 없는 문화 기관들이 국가 주도하에 설립되었다. 그러나 문화예술의 문제를 해결하기 위한 국가의 비대화는 역설적인 결과를 가져왔다. 장 미셸 지앙은 이렇게 말한다.

우리는 15년 사이에 대충 어림잡아 실시하는 행정에서, 예술가들을 포함한 각 체계의 주요 역할을 맡은 사람들이 설명하거나 자신의 권리를 주장하거나 혹은 다양한 결정의 주체들로부터 야기된 힘의 관계들을 조정하는 데 자신의 시간을 바치는 문화 생활의 진정한 관료주의 체계로 들어왔다. 합리성과 원칙의 이름으로 모든 형식에 관한 혁신은 의심의 대상이 되고, 기민하게 대처하고 새롭게 만들어낼 수 있는 조정의 여지는, 특히 예산 부족에 허덕이는 시기에는 점점 줄어들기만 한다.

흥미롭게도 한국의 문화 정책은 프랑스 문화 정책의 관료화 못지않은 문제를 노정하고 있다. 단언컨대 한국의 문화예술은 군사독재 시기 못지않게 국가의 영향력에서 자유롭지 않다. 단순히 박근혜 정권의 블랙리스트를 말하는 것이 아니다. 프랑스와 유사하게 한국에도 수많은 문화예술 관련 법안, 문화예술 기관들, 문화예술 사업들이 번창하고 있다. 문화예술진흥법, 문화기본법, 예술인복지법,

문화예술활성화에 관한 법률, 지역문화진흥법, 문화예술교육지원법, 문화산업진흥기본법, 문학진흥법, 등등. 또한 이러한 법률에 따라 문화예술위원회, 지역문화센터, 문화예술교육진흥원, 예술인복지재단, 한국콘텐츠진흥원, 한국공예디자인문화진흥원, 그 외에도 지역문화재단 등등 각종 기관들이 설립되었다.

이로부터 셀 수 없을 정도의 사업, 사업을 주관하고 시행하는 인력과 행정, 그에 따른 예산 분배, 이 모든 것을 둘러싼 정당화와 합리화의 과정이라는, 불가피한 직간접 비용이 발생한다. 그뿐만이 아니다. 각 사업들은 수많은 작은 시장들을 창출한다. 이제 기획자, 행정가, 예술가들은 국가를 중심으로, 그러나 지극히 무정부적인 양상으로, 동시에 지극히 관료적인 방식으로 조직되고 확산되는 새로운 환경에 적응해야 한다. 예술가와 시민들은 수많은 정부 기관들이 시행하는 공모 사업과 기획 사업을 일종의 수입원, 커리어 기회로 삼고 있으며, 그것들이 표방하는 '문화 민주주의', '혁신적 예술' 등의 대의에 대해서는 일종의 '학습된 불신'의 태도를 취하며 반신반의 상태로 고개를 끄덕일 뿐이다.

그럼에도 불구하고『문화는 정치다』라는 책이 우리에게 시사하는 바는 크다. 그것은 더 이상 국가를 문화예술의 외부 행위자로 설정할 수 없다는 사실을 보여준다. 이는 프랑스뿐만 아니라 미국과 영국에도 해당된다. 미국에서는, 보수 정권이 들어설 때마다 국립예술기금의 존립 여부가 거론되는데, 이때 예술가들은 한 목소리로 국립예술기금을 지켜야 한다고 응집한다. 한국의 경우도 크게 다르지 않을 것이다. 문화 정책의 관료성, 경직성, 심지어 권위주의를 비판하면서도, 예술가들은 지원 제도 자체를 부정할 수는 없다.

한국의 문화 정책은 예술가들에게 창작 지원뿐만 아니라 고용 기회를 제공하며 관객 및 독자들과 만날 수 있는 장을 제공하기도 한다. 책에서는 1990년대 프랑스에서 지방 자치 단체가 참여하는 페스티벌이 프랑스 전체 지역을 통틀어 3,000개 이상이라고 적시한다. 물론 여기에는 칸(영화), 아비뇽(연극) 등 유명 페스티벌이 포함돼 있다. 또한 문화 인프라의 설립은 국가 없이는 불가능하다고 주장하고 있다. 이러한 움직임들을 이끄는 전문가와 시민들의 열정은 금세 법률과 규정, 절차들 속에서 용해되기 마련이지만, 그럼에도 이러한 관료화는 극복해야 할 대상이지 포기해야 할 대상은 아니다.

따라서 문화 정치는 국가 외부에 존재할 수 없다. 한국에서 문화 정책은 이미 순환 보직 공무원들의 전유물이 아니다. 문화 정책 관료들 중에는 이미 문화 운동 경력자들과 예술 전공자들이 포진돼 있으며, 이들은 현장의 예술가들에 버금가는 열정을 지니고 문화 정책에 참여하고 있다. 이들이 문화 정책의 관료성과 권위성 때문에 겪는 상처는 예술가들 못지않을 것이다. 문화예술 영역에서 국가가 차지하는 비중이 클수록 전문가와 시민들은 불가피하게 국가와 연루될 수밖에 없다. 이러한 연루 속에서 관료 기계의 또 다른 부품이 될 것이냐, 혹은 삶과 예술을 연결 짓고 대안적 공동체를 모색하는 문화 일꾼이 될 것이냐가 문화 정치의 가장 미시적이고 실존적인 긴장이라고 할 수 있다. 이 긴장을 개인적인 차원의 문제로만 치부하고 외면할 수는 없다. 이를 직시하고 극복해야만, 문화 정책은 예술이 오랜 기간 지녀온 유토피아적 전망과 끝내 연결될 수 있을 것이다.

벗어남

교양 있는 사람으로 보이려는
속박에서 벗어나기

『읽지 않은 책에 대해 말하는 법』

피에르 바야르 지음, 김병욱 옮김,
여름언덕, 2008

읽지 않은 책을 쌓아두고 사는 삶. 어떤 이들에게는 낯설고 심
지어 우스꽝스러워 보일지도 모를 이 삶에 가장 익숙한 직업
인이라면 단연코 교수일 것이다. 읽지 않은 책을 포함해(당연
히!) 5만여 권의 장서를 갖췄던 움베르토 에코는 그런 특이한
습성에 대해 그럴듯한 변명을 남긴 바 있다. 쌓인 책을 이리저
리 옮기고 때로는 펼쳐서 뒤적이다 보면, 꼭 전부 읽지 않더
라도 나중에 자신이 그 책의 내용을 이미 알고 있다는 사실을
깨닫게 된다고 말이다. 그런데 교수의 직업적 고충은 읽지 않
은 책과 더불어 사는 수준을 넘어서, 그것에 관해 말해야 하는
문제에까지 나아간다. 누군가 "교수에게는 아는 것을 가르치

는 나이가 있고, 모르는 것을 가르치는 나이가 있다"고 쓴 적이 있는데, 무엇을 가르치는 나이든지 미처 읽지 못한 책에 대해서조차 떠들 일이 생긴다는 사정만은 변함이 없다. 하기야 왜 교수뿐일까? 정도의 차이는 있겠지만, 학생이나 다른 직업인들도 제목만 들어본 책, 잘 이해하지 못한 책, 아예 읽어본 적 없는 책을 두고 이야기를 나누게 되는 경우가 적지 않을 테다. (또 왜 책뿐일까? 보지 않은 영화, 듣지 않은 음악, 가지 못한 공연……레퍼토리는 무한하다.) 그렇다면 읽지 않은 책에 관해 우리는 말할 수 있을까, 과연 말해도 괜찮을까? 피에르 바야르의 책은 바로 이 문제를 콕 집어 '읽지 않은 책에 대해 말하는 법'을 알려준다. 그래도 괜찮다고, 어쩌면 우리는 늘 읽지 않은 책에 대해 말하고 있는 셈이라고.

파리8대학 교수인 피에르 바야르는 문학비평가이자 정신분석학자다. 스무 권 이상의 저작을 펴낸 그는 특히 『누가 로저 애크로이드를 죽였는가』, 『햄릿을 수사한다』, 『셜록 홈즈가 틀렸다』로 이어지는 추리비평 3부작으로 유명하다(국내에 아직 번역되지는 않았지만, 2019년 바야르가 『'열 개의 인디언 인형'에 관한 진실La vérité sur "Dix petits nègres"』을 발표함으로써, 이는 4부작이 되었다). 그는 비평가가 작품에 적극적으로 관여해 줄거리와 의미 구조를 재해석하고 작가가 구축한 것과 다른 문학 공간을 여는 '개입주의 비평'의 주창자기도 하다. 앞의 3부작의 경우, 바야르는 원전을 실마리로 삼으면서도 작가와는 전혀 다른 논리 위에서 사건을 추리하며 새로운 범인을 밝혀내는 식으로, 그러한 비평의 가능성을 흥미진진하게 예시한다. 『읽지 않은 책에 대해 말하는 법』은 20여 개 언어로 번역되며 저자에게 국제적인 명성을 안겨준 바야르의 대표작이다. 이 책은 독자가 텍스트에 대해 누리는 자유와 능동성을 한껏 강조한다는 점에서 그의 다른 책들과 뚜렷한 공통분모를 지닌다. 이 책에 접근하는 데는 대체로 세 가지의 길이 있는 것으로 보인다.

우선 그것을 원만한 사회생활을 위한 일종의 실용서나 자기계발서처럼 읽어도 무방할 테다. 목차만으로도 이 책은 전형적인 문제-해결problem-solution의 구조를 취한다. 1부 "비독서의 방식들"은 '책을 전혀 읽지 않는 경우', '책을 대충 훑어보는 경우', '다른 사람들이 하는 책 얘기를 귀동냥한 경우', '책의 내용을 잊어버린 경우'에도 우리는 당연히 책에 관해 말할 수 있다고 주장한다. "담론의 상황들"이라는 2부는 '사교 생활에서', '선생 앞에서', '작가 앞에서', '사랑하는 사람과 함께' 책에 관해 어떻게 말해야 하는지 설명한다. 3부 "대처 요령"은 잘 모르는 책을 논해야 하는 난감한 상황에 대응하는 원칙으로서 '부끄러워하지 말 것', '자신의 생각을 말할 것', '책을 꾸며낼 것', '자기 얘기를 할 것'을 제안한다. 이처럼 저자는 실용적이면서도 자기계발에 도움이 될 만한 내용을, 문학 작품이나 영화에서 끌어낸 흥미로운 사례 분석에 은근한 유머를 더해 설득력 있게 전달한다.

『읽지 않은 책에 대해 말하는 법』을 읽는 또 다른 방법은 그것을 진지한 문학이론서로 다루는 것이다. 사실 저자는 서두에 이 책의 목적이 "진정한 독서 이론의 요소들"을 탐색하는 데 있다고 명확히 밝힌다. 그러한 이론은 "독서에 흔히 부여되는 이상적인 이미지에 역행하여, 오히려 균열이나 결여, 근사 등, 읽기 행위에 내포된 어떤 불연속성에 의거하는 모든 것에 주의를 기울"인다. 그것은 읽기를 어떤 책에 대해 '정확히' 이해하고 '제대로' 말할 수 있는 사전 준비 작업쯤으로 간주하는 문화적 고정관념에서 벗어나, 읽기와 비非읽기 사이의 간극이 그렇게 크지도, 확실하지도 않다는 인식에 다가선다. 바야르가 보기에, 책은 고정된 내용이 기입된 단일한 물리적 실체가 아니다. 그것은 차라리 "책이 순환되고 수정되는 어떤 발화 상황의 총체"다. 그러니까 책은 다른 책들, 그리고 독자들과의 관계 속에서만 존재하며, 그 관계는 책을 끊임없이 유동하며 열려 있는 미결정의 오브제로 변화시킨다는 것이다. 이는 '읽었다는 것', 혹은 '안 읽었다는 것'의 의미를 근본적으로 되묻게 만든다.

이러한 관점에서 바야르는 책 읽기를 이해하는 데 유용한 몇 가지 새로운 개념을 제시한다. '집합적 서가', '내면적 서가', '잠재적 서가', 그리고 '차폐-책', '내면의 책', '유령-책' 등이 그것이다. 이를 간단히 설명하기 위해 우리가 바야르의 책에 관해 수다 떠는 장면을 상상해보자. 바야르에 따르면, 우리는 모두 내면에 자기 나름의 서가를 구축하고 있다. 아예 잊혔거나 부분적으로만 기억하는 것까지 아울러, 우리에게 깊은 영향을 미친 책들의 총체가 이른바 내면적 서가다. 잠재적 서가는 서로 다른 사람들의 내면적 서가가 대화와 토론을 통해 만나면서 이루어지는 공간을 가리킨다. 이처럼 소통을 위해 우리는 각자의 내면적 서가에서 『읽지 않은 책에 대해 말하는 법』이라는 책을 뽑아 든다. 그런데 이 내면의 책은 과연 '바야르의 그 책'에 정확히 부합하는 것일까? 전혀 그렇지 않으며, 실상 그럴 수도 없다. 우리가 대화 상황에서 끄집어내는 내면의 책은 무엇보다도 개인적인 여러 상상, 불완전한 기억과 망각, 다른 이야기로 짜인 잡다한 텍스트 조각들의 혼합물이기 때문이다. 그 책은 내면적 서가에 있는 다른 책들과 관련되어 있고, 그것은 다시 집합적 서가, 그러니까 "특정한 시기, 특정한 문화가 근거하는 중요한 책들 전체"와 이어져 있다.

달리 말하면, 우리가 지금 화제에 올려놓은 『읽지 않은 책에 대해 말하는 법』은 원래의 책에 우리의 복잡하고 독특한 주관성, 그리고 우리가 지금껏 읽어온 수많은 책, 또 대강 알거나 들어본 무수한 책들이 덧씌워진 결과물에 가깝다. 우리 존재의 개성을 이루는 이 '내면의 책'은 우리가 다른 책들을 읽을 때 일종의 필터처럼 기능하면서, 새로운 텍스트의 수용 방식을 결정짓는다. 더욱이 바야르에 따르면, "이 내면의 책은 어느 누구에게도 전달될 수 없고 어떤 책과도 겹쳐질 수 없다. 우리를 절대적으로 독특한 존재로 만들어주는 이 내면의 책은 우리 내면에서, 표면상의 모든 동의를 떠나 소통 불가능한 동일자로 남아 있기 때문이다."

'차폐-책'은 이 문제를 더욱 복잡하게 만든다. 그 개념은 어린 시절에 대한 우리의 기억이 실제로는 어떤 기억들을 감추거나 억누르기 위한 차폐-기억이라는 프로이트의 논의에서 빌려온 것이다. 이는 내면의 책이 있는 그대로 나타나기보다, 차폐-책을 구성할 가능성을 시사한다. 즉 어떤 책에 대해 우리가 기억하는 내용은 무언가 다른 내용, 다른 책들의 대체물일 수 있다는 것이다. 우리가 이야깃거리로 삼은 『읽지 않은 책에 대해 말하는 법』은 어쩌면 에코의 『열린 예술작품』이나 바르트의 「저자의 죽음」, 또는 푸코의 「저자란 무엇인가」 같은 텍스트에 대한 가림막일지도 모른다. 바야르의 책을 놓고 수다를 떨면서 실은 우리가 내심 흥미로워하는, 혹은 명확히 이해하지 못한 채 의식 밖으로 밀어낸 다른 책들에 관해 말하고 있다는 뜻이다. 바야르는 이처럼 '상호텍스트성'에 관한 문학 이론과 '기억의 억압 및 타협 형성'에 관한 정신분석학 이론을 조합하면서, 안정적이고 통일적으로 의미 작용하는 책이라는 물질적 존재를 어느 틈엔가 휘발시켜버린다. 그 빈자리에 이른바 '유령-책'이 떠오른다. 그것은 우리가 책 이야기를 나눌 때 그 잠재적 서가의 공간에 출몰하는 모호하고 불분명하고 가상적인 대상이다. 바야르에 의하면, 그것은 실재하는 책에서 비롯하지만, 그것보다 훨씬 더 우리의 담론과 환상을 풍요롭게 해준다.

　『읽지 않은 책에 대해 말하는 법』에 다가가는 세 번째 방식은 이 책을 글쓰기 입문서로 읽는 것이다. 책 전체에 걸쳐 바야르는 교양에 대한 문화적 압력을 계속 문제 삼는데, 그것이 학생들의 창조적 글쓰기에 중요한 장애로 작용한다는 판단에서다. 교양 있는 사람으로 대접받으려면 '책'을 읽어야 하고, '정독'해야 하며, 그것에 관해 '잘' 말할 수 있어야 한다는 사회 분위기는 학생들이 자유롭게 자기 이야기를 할 수 있는 여지를 억누른다. 그들은 '정답'에 대한 부담감 속에서 창의력을 발휘할 용기를 빼앗기는 것이다. 하지만 바야르가 보기에, "중요한 것은 책 얘기를 하는 것이 아니라, 자기 얘기를 하는 것, 혹은 책들을 통해 자기 얘기를 하는 것"이다. 그런데 "읽지 않은 책에 대해 말하는 것이 일종의 창작이라면, 역으로 창작은 기존의 책들에 지나치게 연연하지 않을 것을 요구한다."

이러한 관점에서 바야르는 '용기 내어 자기 글쓰기'에 필요한 몇 가지 조언을 내놓는다. 그에 따르면, 책을 읽는 것은 중요하지만, 어떤 책을 완벽하고 정확하게 읽었는가 여부보다는, 관련된 책들 전체에 대한 총체적 시각을 갖는 것이 더 중요하다. 또한 다른 사람의 책 속에 파묻히거나 그 안에서 길을 잃을 위험에서 벗어나는 것이 중요하며, 우리가 다른 사람들이나 우리 자신과 나누는 담론이 매우 중요하다. 나아가 책을 읽는다는 것이 단지 지식을 얻는 것뿐만이 아니라 잊는 것, 또 잃는 것이라는 점을 인정하고, 책이라는 대상에 과도하게 매달리지 않으면서 자신만의 글쓰기 공간을 만드는 것이 정말 중요하다.

사실 『읽지 않은 책에 대해 말하는 법』을 어떤 식으로 읽든, 그 논리에서 빈틈이나 균열을 찾아내는 일은 그리 어렵지 않을지도 모른다. 당장 이 책의 저자가 보여주는 엄청난 독서의 흔적과 충실한 작품 분석은, 약간의 아이러니를 섞어 말하자면, 책의 논지와 '수행적 모순'을 일으킨다는 지적을 피해가기 힘들다. 바야르가 책이 열어주는 타자성의 영역을 과도

하게 주체의 동일성으로 환원해버린다거나, 독자의 능력을 사회학적인 고려 없이 이상화한다는 비판도 가능할 것이다. 하지만 여러 한계에도 불구하고 이 책이 여전히 매력적인 것은 무엇보다 교양의 지배적 기준에 대해 끈질기게 이의를 제기하면서, 모든 이에게 '창조적인 저자 되기'를 적극적으로 권유하고 있기 때문이다. "우리의 내면을 억압적으로 지배하며 우리 자신이 되는 것을 가로막는 덫, 즉 교양 있는 사람으로 보여야 한다는 속박에서 벗어나는 자만이 자기 진실에 이를 수 있다"는 저자의 일관된 주장은, 프랑스에서 못지않게, 우리 사회에서도 소중하다.

신성한 예술이라는
고정 관념 걷어내기

『사회에 대해 말하기』

하워드 베커 지음, 이성용 외 옮김,
인간사랑, 2016

호기심 때문이든 어떤 필요성 때문이든 우리는 우리가 살아가는 사회를 이해하기 위해 애쓴다. 그러한 이해는 주로 일상의 대화와 경험을 통해 이루어진다. 하지만 그것만으로는 충분하지 않다. 우리 관계의 폭, 행동반경이 제한적이고, 우리가 동원할 수 있는 자원이 어쩔 수 없이 한정되어 있는 탓이다. 우리는 사회에 관한 수많은 보고reports, 혹은 재현 representations을 통해 모자란 부분을 채운다. 매일 엄청난 양으로 쏟아져나오는 각종 보도 기사가 그 대표적인 예일 것이다. 그런데 '누군가 사회적 삶의 어떤 면에 관해 우리에게 알려주는 무언가'가 바로 '사회의 재현'이라면, 이러한 재현은 저널리즘 외에도 지도나 통계, 도표로부터 소설, 사진, 영화, 다큐멘터리, 사회과학 논문에 이르는 다양한 유형을 포괄한다. 그것들은 우리에게 사회의 어떤 부분, 그러니까 간단한 지리적 관계, 인구 분포의 구조, 대도시 상류 계급의 취향, 부락민의 생활 관습, 촛불집회의 역동성, 20대 청년층의 성 규범 등에 대해 알려준다. 그렇다면 재현의 스펙트럼 안에서 예술은 어떤 위상을 지닐까? 우리는 그것을 예컨대, 사회과학과 비교할 수 있을까? 만일 그렇다면, 예술은 사회과학에 비해 더 생생하고 풍부한 것일까? 역으로 사회과학은 예술에 비해 더 정확하고 진실한 것일까?

『사회에 대해 말하기』는 언뜻 사회학 인식론이나 지식사회학의 전문서처럼 보인다. 물론 그렇게 읽어도 무방하다. 하지만 이 책은 예술의 창작이나 감상에 관심이 있는 독자에게도 매우 유용하다. 이 책의 가장 큰 장점은 서로 무관하거나 대립적인 양 다뤄지기 쉬운 예술과 사회과학을 '사회의 재현'이라는 차원에서 연속선상에 놓고 비교한다는 것이다. 저자는 이를테면, 워커 에반스의 사진집과 미국의 인구통계표가 어떤 면에서 비슷하고 어떤 면에서 다른지를 꼼꼼히 따진다. 이러한 비교의 전략은 예술과 사회과학 양쪽에 모종의 해방적 효과를 가져온다. 즉 저자는 한편으로 사회과학이 사회에 대한 유일하게 정당한 재현이 아니며 사회적 진실을 독점할 수 없음을 보여줌으로써 학계에 만연한 '과학주의'의 그릇된 우월감을 몰아낸다. 다른 한편 그는 예술 역시 수학적 모형, 신문 기사, 문화기술지 등과 공통분모를 지니는 일종의 재현이자, 사회에 대해 말하는 한 가지 방식임을 일깨움으로써 '신성한 예술'이라는 고정관념을 걷어낸다.

　『사회에 대해 말하기』의 저자가 하워드 베커라는 사실은 자연스럽다. 1928년생인 그는 개인의 행위와 정체성이 사회적 분류 방식에 의해 규정된다 — 예컨대, '일탈자'로 낙인찍힌 개인은 '일탈 행동'을 할 개연성이 높아진다 — 는 낙인이론labeling theory의 창시자로 유명하지만, 특히 예술세계art world 이론의 주창자로 학문적 명성이 높다. 베커는 작가나 예술가뿐만 아니라, 기획자, 악기상, 마케팅 담당자, 공연장 주차관리원, 관객 등 다양한 행위자가 각종 자원과 관행을 토대로 협력하면서 예술작품을 생산하고 수용하는 사회 공간을 예술세계로 정의한다. 대표작『예술세계Art Worlds』에 집약적으로 나타나 있는 그의 이러한 관점은 예술사회학을 재정립한 중요한 기여로 평가받는다. (이밖에 베커의 상세한 저작 목록은 개인 웹사이트 howardsbecker.com에서 확인할 수 있다.)

　특기할 점은 사회학의 대가인 베커가 사진작가이자 피아니스트이기도 하다는 것이다.『사회에 대해 말하기』의 서문에서 그는 자신이 오랫동안 연극·영화 애호가였고 소설 탐독자였다고 적고 있는데, 음악과 사진 분야에서는 단순한 아마추어 수준을 훨씬 넘어선 것으로 보인다. 1970년 예술사회학 계열 논문을 준비하면서 예술학교에 진학해 사진을 배웠던 베커는 이미 1970년대 중반부터 여러 갤러리에서 전시회를 가진 바 있고, 1999년 은퇴하기 전 재직한 워싱턴대학교에서는 몇 년 동안 사회학 교수와 음대의 비상근교수를 겸임하기도 했다. 그러니 예술과 사회과학을 재현의 차원에서 비교하는 작업에 그만한 전문가를 떠올리기 어려울 수밖에. 그는 이 주제에 관한 한 누구보다도 풍부한 정보와 깊이 있는 이해, 그리고 균형 잡힌 시각을 제공할 수 있는 적격자인 셈이다.

『사회에 대해 말하기』는 저자에 대한 독자의 기대를 배반하지 않는다. 책은 "아이디어"라는 제목의 1부와 "사례"라는 제목의 2부로 이루어져 있다. 1부에서 베커는 '사회의 재현'을 둘러싼 일련의 논점을 검토하는데, 그의 입장은 대체로 예술세계 이론을 일반화한 것이라 해도 무리가 없다. 그는 통계표, 우화, 소설, 희곡, 사진, 영화 등 상이한 재현을 수많은 사람의 공동 노력이 들어간 조직적 활동으로 이해해야 한다고 주장한다. 우리가 눈여겨보아야 할 것은 재현 그 자체보다는 재현의 제작과 수용 활동이며, 그러한 활동이 일어나는 복수의 소세계다. 특정한 재현의 생산과 이용에 관여하는 행위자와 인공물 전체가 이 '재현의 세계'를 구성한다. 그리하여 예컨대, 지도라는 재현은 과학자, 지리학자, 지도제작자, 데이터 수집자, 디자이너, 기장, 선장, 운전사, 지리학과, 출판사, 지도 이용자 등이 각종 측량 도구, 위성, 사진기, 컴퓨터, 인쇄기, 이동수단 등을 활용해 상호 교섭과 협력 활동을 벌인 결과로 나타난다. 베커의 개념화가 흥미로운 것은 이 재현의 세계가 반드시 전문가의 영역만은 아니라고 본다는 점이다. 그것은 일반인들 사이에서도 끊임없이 솟아나고 또 사라진다.

구체적인 예를 하나 떠올려보자. 일본 문화의 몇몇 인상적 면모를 살피는『기호의 제국』에서 롤랑 바르트는 도쿄에서 장소를 찾는 방식이 파리와 사뭇 다르다는 점에 주목한다. 시가와 도로가 잘 구획되고 정비된 파리에서는 누구나 주소와 지도책 하나면 원하는 장소를 찾아갈 수 있는 반면, 무질서하게 난개발이 진행된 도쿄에서는 그런 것들이 별 의미가 없다. 대신 사람들은 서로 약도를 주고받는다. 바르트의 묘사를 빌리자면, "이 도시 사람들은 이 즉흥적인 그림 그리기에 아주 뛰어난 재능을 보이는데, 그들은 종이쪽지에 도로와 아파트, 수로, 철도, 가게 표지판 등을 그려내서 주소를 교환하는 행위를 정교한 의사소통으로 만들어내며 그 과정에서 몸의 살아있음, 즉 미술적 몸짓의 예술이 발생한다." 이는 베커의 시선으로 보자면, 평범한 사람들이 구축하는 일시적인 재현의 세계다. 그런데 우리가 친구에게 길을 알려주기 위해 그리는 약도는 표준화된 지도보다 못하거나 수준 낮은 것이 아니다. 그것은 지도와는 상이한 기준과 도구로 그려지지만, 철저하게 이용자 맞춤형이며 그 자체로 충분하다. 베커의 말대로라면, "무언가를 행하는 모든 방식은 무언가를 위해 완벽"하기 때문이다.

약도는 내 친구가 우리 집을 찾는 용도에 잘 들어맞으면 그뿐이다. 어떤 장르의 재현이 더 우월한지, 최선인지 따지는 일은 무의미하다. 재현은 그것을 생산하고 수용하는 공동체 – 크든 작든 – 의 맥락 안에서만 의미를 갖는다. 그러니 이를테면, 어떤 이미지가 보도 사진인지 다큐멘터리 사진인지 아니면 영상사회학의 사진인지 그 이미지의 내적인 특징이나 질로 구별하기란 불가능하다. 그것이 찍히고 읽히는 맥락에 따라 그 의미는 달라진다. 바르트는 (아마도 그가 도쿄에서 받았을) 약도 두 점을 책에 실어 놓았다. 일본어라는 낯선 기호와 개인적 그림체로 이루어진 그 이미지들은 원래의 쓰임새와 맥락으로부터 빠져나와 저명한 프랑스인 문학비평가의 저서 속에 삽입됨으로써, 누군가에게는 일종의 예술작품처럼 지각될 수도 있을 것이다. 바르트가 이미 (일본인들의) '약도 그리기'를 "미술적 몸짓의 예술"로 독해하고 있으니 더더군다나 말이다. 다양한 재현의 세계는 이렇게 무수한 동심원들처럼 펼쳐지고 서로 겹쳐진다. 거기서 사람들은 제각기 자신의 목적에 따라 그에 적절한 재현을 제작하고 또 활용한다.

　　재현의 생산자는 이용자와 소통하기 위해 자신이 경험한 실재에 여러 작업을 수행해야만 한다. 그는 자신이 속한 조직과 동원하는 미디어, 각종 규약과 관행의 제약 아래 실재의 어떤 부분을 선정하고 번역하며 배열한다. 예를 들면, 사진작가는 카메라로 실제로 사건이 벌어지는 시간의 극히 일부만을 잡아낼 뿐이며, 후각이나 촉각의 3차원은 담지 못한다. 그가 찍는 사진은 결코 실재 그 자체를 다루는 것이 아니며, 초점과 노출의 조절이나 촬영 및 인화 기법 등을 통해 관례적인 방식으로 실재를 옮긴다. 또 작가는 도록이나 전시장에 사진들을 일정한 순서로 배치함으로써 모종의 서사나 관념을 빚어낸다. 이와 같은 생산은 많은 부분 분업화, 조직화되어 있다. 직업적 예술가, 언론인, 사회과학자 등의 존재가 그러한 현실을 입증한다. 생산 과정 또한 재현의 세계 안에 존재하는 기대와 규범, 사회적 합의에 맞춰 어느 정도 표준화되어 있다. 물론 표준은 그것을 거부하거나 탈피하는 혁신가들에 의해 변화하며, 예술계의 경우엔 '창조적 파괴'가 적극적으로 장려되기도 하지만 말이다.

베커의 논의는 무엇보다도 이용자의 역할을 강조한다는 점에서 특징적이다. 그에 따르면, 전문적인 재현의 세계에서조차 이용자는 생산자가 의식하지 않을 수 없는 소통의 상대로서, 제작에 쓰이는 요소와 기술에 일종의 표준을 부과한다. 예컨대, 할리우드 영화는 그것이 겨냥하는 대규모의 관객이 별다른 노력 없이도 이해하고 즐길 수 있도록 그 수준에 맞추어 만들어지는 것이다. 나아가 이용자는 생산자의 의도에 함부로 휘둘리지 않고 자기 나름대로 재현을 해석하면서 능동적으로 실재를 구축한다. 베커는 평범한 사회구성원들이 재현의 세계에서 차지하는 몫을 강조하며, 그들의 역량과 자율성에 대한 깊은 신뢰를 드러낸다. 아마도 이 때문인지 그는 몇 가지 중요한 쟁점을 분명히 의식하면서도 상세히 검토하지는 않는데, 이는 『사회에 대해 말하기』에서 다소 아쉽게 느껴지는 부분이기도 하다.

예를 들어, 우리가 생산자에 대한 이용자의 자율성을 무시하면 안 될 테지만, 그렇다고 너무 과장해도 곤란하지 않을까? 수용의 자율성도 결국은 특정한 재현의 공급이라는 테두리 내에서 작동하는 상대적 능력으로 보아야 하지 않을까? 전문가의 재현 세계와 일반인의 재현 세계를, 그것들이 제각기 실용적이라는 이유로 마치 동등한 위상을 갖는 것처럼 여길 수는 없지 않을까? 우리가 약도를 주고받는 일상 세계와 지도를 전문적으로 제작하고 개정하는 소세계 사이에는 엄연한 차이가 존재한다. 아마추어 그림 동호회와 제도화된 예술계에서 작품의 제작과 유통 방식, 가격, 전시 장소, 사회적 평가가 다르듯이 말이다. 게다가 그 차이는 곧잘 미묘한 차별과 부드러운 억압으로 이어지기도 한다. 그렇다면 우리는 다양한 재현 주체와 영역 간 경계는 어떻게 생겨나고 또 어떻게 위계화되는지, 그 불평등한 질서 내에서 권력은 어떻게 행사되며 어떤 효과를 낳는지 질문해야 할 것이다. 하지만 베커는 재현의 세계를 조화로운 협력과 공존의 상태, 즉 '해석공동체'이자 '도덕공동체'로 그려내는 데 만족한다. 하나의 세계 내부도, 여러 세계의 관계도 서로 다를 바 없이 평화롭다. 그는 재현의 상대주의와 다원주의, 실용주의를 지지하면서 제도의 힘과 문화적 정당성의 폭력이라는 문제를 슬쩍 비켜 간다. 그것이 자신의 주된 논지가 아니라는 점을 명확히 하듯이.

그렇다면 베커가 말하고 싶은 것은 무엇일까? 책의 2부는 '사회의 재현'을 논하는 베커의 의도가 궁극적으로 어디를 향해 있는지 알려준다. 여기서 그는 사진, 희곡, 소설 등 다양한 예술작품이 어떤 식으로 사회를 재현하는지 자세히 분석한다. 로버트 프랭크의 사진은 하나의 사건이나 정경을 그 분위기와 더불어 여러 겹으로 전달하고, 이탈로 칼비노의 우화는 일종의 사고실험을 매개로 현상의 이론적 핵심을 파고든다. 조지 버나드 쇼의 희곡이 다양한 관점과 목소리가 경합하는 상황을 효과적으로 묘사한다면, 조르주 페렉의 소설은 사소한 세목을 축적하면서 사회의 비가시적인 층위를 기술한다. 베커의 관심은 바로 이 예술적 재현의 중요한 사례들이 사회과학의 논리와 글쓰기를 혁신하는 데 어떤 영감을 줄 수 있을지 살피는 데 있는 것으로 여겨진다. 이는 『사회에 대해 말하기』가 1980년대 중반 이래 베커가 내놓은 일련의 방법론 저작 ─『학자의 글쓰기』, 『학계의 술책』, 『증거의 오류』─ 과 궤를 나란히 한다는 사실을 일깨운다.

물론 그렇다고 해서 이 책이 사회과학 연구자들에게만 계몽적인 것은 아니다. 베커의 작품 분석은 예술적 재현이 사회적인 것과 관계 맺고 있는 방식 또한 흥미롭게 보여주기 때문이다. 그는 수많은 예술작품이 어떤 사회적 사실의 충실한 재현으로 받아들여질 수 있고, 그 생산자들이 작품을 통해 주고자 하는 의미 역시 그렇다고 주장한다. 그러므로 "사회적 사실의 예술적 재현에 전제된 사실성은 작품을 예술로서 평가하는 데 있어서 본질적 요소"라는 것이다. 이렇게 베커는 예술성과 사실성을 애써 떼어놓고 사고하는 일각의 고정관념을 비판한다. 둘 중 하나만 취하려면 양자가 교차해서 작동하지 않아야 할 텐데, 이는 현실과는 거리가 멀기 때문이다. 그에 따르면, "사실성이 없는 예술은 없다. 사회적 실재를 주장하는 작품의 사실성은 그 작품의 미학적 효과에 기여한다." 점점 더 많은 예술가가 직접적으로 사회에 대해 말하고, 점점 더 많은 수용자가 예술작품에서 사회의 재현을 곧바로 읽어낸다. 우리 시대에 베커의 통찰이 한층 소중하고 유용하게 느껴지는 이유가 바로 이 점에 있다.

놀이

진지하면서도 유쾌하게,
고상하면서도 자유롭게

『호모 루덴스』

요한 하위징아 지음, 이종인 옮김,
연암서가, 2018

나는 예술의 놀이성에 대해 늘 관심을 가져왔다. 이와 관련된 가장
대표적인 철학적 논거는 칸트와 실러의 '자유로운 유희free play'로
서의 예술 및 미적 충동 개념이라고 할 수 있을 것이다. 그러나 이같
은 철학적 논의들에서 유희란 대체로 정신적 표현 및 예술적 형식의
차원과 관련된다. 나로서는 인간 본성 및 예술 본질론으로 귀결되
는 이러한 논의들에 다소 불만을 가지고 있었다. 나는 개인적 창작
뿐만 아니라 사회적인 놀이 활동의 측면에서 예술에 관심을 가져왔
기 때문이다.

　　집단적인 활동으로서의 놀이/예술론의 적절한 예시인 그림 한
점이 있다. 르네상스 시기 네덜란드 화가인 피터르 브뤼헐이 그린

〈카니발과 사순절의 전투The Fight Between Carnival and Lent〉(1559). 사순절 시기에 사람들은 예수의 십자가 수난을 기리며 말과 행동을 조신하게 한다. 반면 사육제는 금욕의 시기인 사순절 직전까지 이어지는 광란의 축제이다. 브뤼헐의 그림은 둘 사이의 관계를 '전투'라는 용어로 묘사한다. 그림 절반에는 교회를 중심으로 한 금욕적이고 질서 정연한 집단이 보이고 다른 절반에는 축제와 놀이와 일탈을 일삼는 집단이 보인다. 시기적으로 분리된 이 둘을 브뤼헐은 왜 같은 공간에 공존하게 만들고 둘 사이의 관계를 전투라고 지칭했는가? 민중들은 사실 계속 놀고 먹고 마시고 싶어한다. 그들은 자신들의 삶을 사순절로 옮기기 싫어한다. 교회 또한 자신들이 설정한 '가두리'를 넘어 표현되는 민중의 욕망에 당황스러웠을 것이고 그것을 어떻게든 통제하려 했을 것이다.

바흐찐은 『도스또예프스끼 시학의 제문제』에서 브뤼헐의 그림에 대한 일종의 예술사회학적 주석을 제공한다. 그는 말한다. "중세기의 사람은 마치 두 가지의 삶 — 하나는 공포, 도그마티즘, 공경, 경건함으로 가득 찬 엄격한 위계질서에 예속된 공식적이고, 천편일률적으로 진지하고 찌뿌둥한 삶이고 다른 하나는 상호모순적인 이중적 웃음, 신성 모독, 성스러운 모든 것의 세속화, 비속화, 모든 사람과 모든 것과의 친밀한 접촉으로 가득 찬 자유분방하고 카니발 광장적인 삶 — 을 살았었다고 말할 수 있다." 바흐찐에 따르면 "이 둘은 시간적 경계선으로 분리"돼 있었지만 곧 상호 침투하게 된다. 브뤼헐의 표현대로 카니발과 사순절 사이의 전투가 시작된 것이다.

먼저 카니발이 사순절로 진격했다. 바흐찐은 르네상스 시기에 언어 생활, 공식적 생활, 세계관에서 카니발적 요소가 침투하여 그것들을 변형시켰다고 주장한다. 욕지거리와 비아냥거림을 담아내는 격의 없는 말과 몸짓이 일상생활의 구석구석에서 나타났고 예술과 문학에도 카니발적 요소, "스스럼없고, 냉소적이고, 노골적이며, 기괴하고, 칭찬과 욕설이 어우러진 언어"가 확산되기 시작했다. 흥미로운 것은 바흐찐이 카니발을 스타일이나 표현 양식뿐만 아니라 계급 관계를 가로지르고 넘어서는 사람과 사람 사이의 상호 관계라는 견지에서 파악했다는 점이다. 그는 말한다. "인간의 행동, 몸짓, 말은 카니발이 벌어질 때면 그 모든 계급적 상태의 위력으로부터 해방된다." 요컨대 카니발은 계급 관계의 외부에서 계급 관계를 해방시키는 새로운 만남과 대화의 힘으로 작동했다는 것이다. 따라서 예술과 문학은 카니발적 전환을 통해 스스로를 정치화시킨다. 문학과 예술은 카니발적 요소를 도입함으로써 계급적 질서와 재현적 질서의 조화로 이루어진 기존의 틀에서 벗어나 해방적이고 평등적인 감각을 노출하고 표현하는 놀이로서 작동하기에 이른다.

요한 하위징아의『호모 루덴스』는 바흐찐의 사회학적 놀이/예술론을 조금 더 심화시킨다. 그에 따르면 놀이란 "일상생활 중에 나타난 하나의 인테르메조 혹은 간주곡"인 동시에 집합적 활동으로서 일탈적 연대감을 제공한다. 그에 따르면 놀이는 무엇보다 "놀이 공동체"를 구성한다. 이때 이들이 나누는 느낌은 매우 특별하다. "어떤 예외적인 상황 아래 '떨어져 있으면서 함께 있다'는 느낌, 중요한 어떤 것을 함께 나눈다는 느낌, 세상에서 벗어나 통상적인 규범을 일시적으로 거부한다는 느낌 등은 어느 한 게임이 끝난 뒤에도 지속되는 것이다." 계급적 관점을 채택하지 않지만 하위징아는 놀이를 다분히 저항적인 집합적 활동으로 묘사한다. 놀이 공동체의 구성원에게 "일상생활의 법률과 관습은 더 이상 중요하지 않다. 우리는 색다른 존재이고 그래서 색다르게 행동한다."

하위징아의 놀이론은 동시에 예술론이기도 하다. 그가 사례로 드는 놀이의 사회적 형태들은 "경기와 경주, 공연과 전시, 춤과 무용, 행렬, 가면극, 토너먼트 등"으로 다수가 예술의 범주에 속하는 것이다. 특히 책의 후반부에는 본격적으로 놀이/예술론을 펼치고 있다. 그에 따르면 예술에는 놀이 요소가 반드시 포함되어 있으며, 그것은 표현의 차원(스타일)과 제작과 공표의 차원(경쟁)에서 공히 발견된다.

소수 예술가의 독창적 재능의 표현물로 예술을 바라보는 관점에서 보자면 하위징아의 집합적 놀이/예술론은 다소 부적합해 보일 수 있다. 그러나 하위징아는 예술에서 놀이성이 퇴색되어 가는 과정이야말로 예술이 특권층의 전유물로 변화했다는(바흐찐 식으로 이야기하면 예술의 카니발적 요소가 약화되고 형식화되었다는) 역사적 사실의 징표라고 본다. 예술이 "예술가 개인의 자유롭고 독립된 정신에 의존"하게 되면서, "예술을 숭배하고 감식하는 태도는 오로지 소수의 특권"으로 남았다. 이에 따라 "18세기 이래 예술은 하나의 문화 요소로 인정받았는데, 그로 인해 놀이 정신을 얻었다기보다 잃어왔다고 볼 수 있다." 물론 하위징아는 예술이 일반인의 일상생활을 벗어나 예술가의 전문 활동에 집중되면서 오히려 놀이 요소가 더 집중화되고 강화되었다고 판단한다. 즉 일상생활에서 사라진 놀이 공동체가 예술계에서 더 강력한 형태로 나타났다는 것이다. 하위징아는 말한다. "과장된 예술 비판, 전시회, 강연회 등 현대의 홍보 장치들은 예술의 놀이 특성을 고양시키기 위한 것이다."

그러나 우리는 잘 알고 있다. 예술을 가지고 장난치는 것이 점점 어려워진다는 사실을. 예술은 놀이 공동체가 아니라 '인문 정신'을 장착한 전문가들의 전유물이 되었다는 사실을. 나는 예술을 인문학과 연결시키는 프레임에 불만을 가져왔는데, 그것은 예술이 필요 이상으로 진지한 대상물로 격상되는 것이 바로 그러한 프레임 때문이 아닌가라는 생각 때문이다. 그것은 시와 시인에 대해서도 마찬가지이다. 시인을 고독하고 슬픈 존재로, 시를 그러한 예외적 존재의 독창적 표현으로 보는 한, '시는 어렵다'라는 인식은 바뀌기 어렵다.

　　흥미롭게도 하위징아는 시를 "놀이의 최후 보루"로 보고 있다. 그는 폴 발레리의 '말놀이'론을 빌려와 이미지를 담아내고 이미지를 가지고 놀이를 하는 활동으로서 시를 정의한다. 그는 말한다 "시는 절대적으로 구속력이 있는 대단히 정밀한 규칙을 따르지만 거의 무한한 변형을 허용한다. 시의 이러한 기능은 대대로 보존되었고 고상한 지식 체계로서 후대에 전해졌다."

　　시를 놀이 정신의 최후 보루로 판단하는 것은 아무래도 하위징아의 편견이 아닌가 싶다. 그럼에도 그의 편견을 뒷받침하는 근거가 없지는 않다. 조형 예술과 공연 예술에서 예술가로 활동하기 위해 필요한 숙련과 시인으로 활동하기 위해 필요한 숙련의 차이를 떠올리면 이해가 쉬울 것이다. 시를 쓰기 위한 교육 과정이 필요한가? 필요하기도 하고 아니기도 하다. 시창작 첫 시간에 수강생들은 바로 창작물을 완성하여 제출할 수 있다. 자신들이 이미 사용하고 있는 언어를 비일상적으로 조합하고 배치하기만 하면 시가 (퀄리티와 무관하게) 만들어지기 때문이다. 물론 시는 쓰면 쓸수록 좋아질 수 있고 그 점에서 숙련을 필요로 하기도 한다. 그러나 시의 자유도와 숙련도 사이에는 모종의 고유한 변증법이 있다. 시쓰기는 학습하는 동시에 탈학습unlearning해야 한다. 보편 알고리즘으로 작성되는 시는 시가 될 수 없기 때문이다. 그러므로 시는 '놀면서 배울 수 있는' 가장 적합한 글쓰기이다. 그러나 이런 말은 아직도 낯설게만 들린다.

　　예술의 사회적 놀이성에 대한 담론은 지극히 취약하다. 그러한 논의들은 대부분 예술에 대한 접근성을 낮추는 초기 단계에, 그것도 지극히 단순한 진술의 형태로 적용될 뿐이다. 그것은 아마도 예술/놀이라는 짝패의 사회적 구성에 대한 상상력이 아직도 우리의 의식에 낯설기 때문일 것이다. 하위징아의『호모 루덴스』가 누구나 아는 고전으로 자리 잡았음에도 불구하고 그것이 '예술론'으로 읽히지 않는 이유도 그 때문일 것이다. 만약 허락이 된다면 나는『호모 루덴스』의 부제를 '놀이와 예술'이라 붙일 것이다. 그리고 이 책을 예술을 공부하는 이들의 필독서로 추천할 것이다. 그리고 사람들과 함께 진지하면서도 유쾌하게, 고상하면서도 자유롭게 이 책을 읽으며 놀 수 있는 방법을 고안해볼 것이다.

당신이
오지 않는다면

『작은 것들의 정치』

제프리 골드파브 지음, 이충훈 옮김,
후마니타스, 2011

사회학자 제프리 골드파브가 쓴 『작은 것들의 정치』는 여러 면에서 나에게 영감을 준 저작이다. 이 책은 그 자체 예술에 대한 이론적 논증을 담고 있지는 않다. 그러나 이 책은 시낭독회와 서점, 식탁 등 문학과 예술을 중심으로 모인 사람들 사이의 대화와 그것이 촉발하는 사건들, 그 사건들이 더 큰 혁명적 정치로 나아가는 과정을 다루고 있다. 이 책은 내게 문학과 예술이 공간, 관계, 행동 속에서 어떻게 작동할 수 있는지, 어떻게 사회적 관계를 재편하고 공동체를 꾸려갈 수 있는지에 대한 고민의 출발점이 되었다.

실제로 나는 이 책을 읽고 홍대 앞 작은 클럽에 십여 명의 시인들을 초대하여 낭독회를 제안했다. 우리는 〈당신이 오지 않는다면〉

이라는 제목을 정해 월례 낭독회를 이어가기로 했다. 형식은 자유로웠다. 시를 읽을 수도 있고 연극을 할 수도 있고 노래를 부를 수도 있고 그냥 수다를 떨 수도 있다. 그렇게 2년이 흘렀다. 젊은 시인들에게는 자신의 작품과 시집을 소개할 수 있는 기회가 되었고, 관객들에게는 시라는 낯선 장르를 접하고 알아가는 기회가 되었다. 그 낭독회는 어떤 변화를 가져왔는가? 최근 한 시인은 이렇게 말했다. 소규모의 독립 서점들이 젊은 시인들과 진행하는 낭독회의 전례가 바로 〈당신이 오지 않는다면〉 낭독 시리즈였다고. 이 말은 내게 작은 보람을 느끼게 해주었다.

> 서점과 살롱은 비판적인 성찰과 독립적인 창작 활동이 출현할 수 있는 공적 공간을 더욱 발전시킨다. 식탁 주위에서 이루어지는 행위의 일반 원칙이 친밀한 신뢰의 결속을 넘어, 문자의 배포로 이어지며, 발화된 말로 확장된다. 사람들은 서로의 앞에서 이야기하며, 함께 행동할 수 있는 역량을 발전시킨다. 그들은 대안적인 제도를 창조하고 이런 제도들을 발전시킨다.

골드파브는 특히 전체주의적 시대에 형성되었던 작은 모임들, 그리고 그 모임들에서 문학과 연극이 어떻게 정치적 공론과 행동을 촉발시켰는지를 이야기한다. 골드파브에 따르면 그러한 회합들은 미셸 푸코가 이야기한 '진리의 정치'를 수행한다. 또한 그러한 회합들은 지배적인 정치적, 경제적, 문화적 헤게모니에서 진리를 떼어내 국가와 공동체에 대한 새로운 해석을 제시하는 '자유의 정치'(한나 아렌트)를 수행한다. 이 작은 것들은 아직 도래하지 않은 미래를 전망하며 해방을 기다리는 것이 아니라 이미 도달한 현재 속에서 작은 해방들을 전취한다. 즉 서점, 시낭독회, 극장 등에서 사람들은 마치 "이미 해방된 것처럼" 말하고 행동한다. 지배자들이 강요하는 바깥의 진리 따위에 연연하지 않겠다는 듯, 바로 그 자리에서 스스로 만든 진리에 오롯이 집중하겠다는 듯이 말이다.

이 책이 흥미로운 것은 푸코와 아렌트라는 두 이질적인 정치 철학자를 상호 조회하는 동시에 사회학자 어빙 고프먼을 소환한다는 점이다. 푸코와 아렌트와 고프먼의 조합은 언뜻 이해하기 어렵다. 푸코와 아렌트는 확실히 체제와 담론을 강조한다. 그들에게는 지식과 사유가 비판의 주요 출발점이며, 그렇기에 주로 지식인과 예술가들이 그들이 상상하는 해방된 공간의 주역으로 표상되곤 한다. 그러나 고프먼에게 가장 중요한 사회적 단위는 구조나 제도가 아니라 바로 '상황'이다. 일반적으로 상황은 즉흥적이고 임시적인 상호작용의 맥락으로 이해된다. 구조와 제도를 강조하는 사회학자들은 거시적 맥락이 미시적 맥락에 미치는 영향력을 무시한다며 고프먼을 비롯한 미시 사회학자들을 비판한다. 그러나 고프먼은 미시 상황 속에서도 권위와 권력은 작동한다고 주장한다. 전문가들은 상황 정의를 주도하며, 스티그마에 시달리는 이들은 주도적 상황 정의에 자아를 끼워 맞추곤 한다. 그럼에도 고프먼은 미시 상황에서 표출되는 자아 표현과 대안적인 상황 정의에 주목한다.『작은 것들의 정치』에는 한편의 연극이 어떻게 더 큰 직접 행동으로 이어졌는가를 분석한다. 고프먼은『수용소』에서 정신병원에서 공연되는 연극에 대해 이야기한다. 정신질환자들은 연극을 통해 전문가 집단(의사와 병원 직원들)을 풍자하며, 무도회와 영화 관람 등의 작은 기회를 통해 규범으로부터의 일탈을 감행한다. 다양한 미시 상황들에서 진리의 소유권은 지식인과 예술가 들에게만 귀속되지 않는다. 상황 속 주인공은 바뀔 수 있으며 때로는 평범한 사람이 상황을 주도하기도 한다.

골드파브는 푸코와 아렌트와 고프먼을 종합하여 평범한 사람들이 일상생활의 관계망 속에서 수행하는 저항 정치의 가능성을 따져본다. 그는 하나의 예를 든다. 체코슬로바키아에서 있었던 일이다. 공산권 치하에서 모든 가게들은 창문에 '만국의 노동자여 단결하라'라는 푯말을 내걸어야 했다. 그러나 한 채소 가게 주인은 그 푯말을 내걸기를 거부했다. 1989년 당시 저항을 이끌었던 바츨라프 하벨은 그 채소 가게 주인의 행위를 중요한 민주적 사건으로, '진리 속에서의 삶'으로 해석한다. 이때 진리는 지식과 담론이 아니라 상황 속의 구체적 활동을 통해, '아니오'라는 단순하면서도 분명한 표현을 통해, 새롭게 정의되고 출현한다. 이때 '아니오'라는 표현을 통한 새로운 상황 정의와 진리의 선포는 종종 예술의 도움을 받는다. 예술이 구축하는 세계는, 때로는 작가의 의도와 무관하게 새로운 상황 정의와 진리 선언의 재료로, 도구로, 매체로 활용된다. 나도 바로 그 점에 착안하여 시낭독회를 기획했고 지금도 작은 서점들에서 이루어지는 다양한 문학 모임에 관심을 갖고 있다.

골드파브가 예로 드는 대부분의 사례는 억압적 정치 체제에서 수행된 '작은 정치'들이다. 환경이 폭력적일수록 사람들은 작은 것들로 파고들어 그 안에서 비밀스런 자유의 영토를 확보하려 한다. 골드파브의 주장과 사례들이 과거의 전체주의나 권위주의 체제에 국한된다고 생각될 수 있다. 하지만 일견 정치적 민주화와 경제적 자유가 보장된 것처럼 보이는 현대 사회에서도 지배적 해석들은 미시 상황에 침투하여 강력한 힘을 발휘한다. 이를테면 경제적 불평등이 대화 주제인 자리에서 사람들은 종종 "그래도 한국은 자본주의 사회잖아."라고 말한다. 이 말은 상식처럼 들리지만 기실 지극히 이데올로기적이고 정치적인 신념의 표현이다. 이러한 지배적 진리가 이견을 달 수 없는 단언의 형태로 대화 속에서 선포될 때 반자본주의적인 대안에 대한 질문과 모색은 봉쇄된다. 따라서 이러한 단언들 — 종북과 좌빨과 페미니즘과 난민과 동성애에 대한 온갖 클리셰적 편견들 — 이 미시 상황을 지배한다면, 이는 정치적 체제의 억압성과 무관하게 그 사회가 그만큼 폭력적이고 권위적이라는 증거이며, 또한 그만큼 미시 상황에서의 대안적 진리 주장은 그 자체 대항의 정치로 작동할 가능성이 높은 것이라 볼 수 있다.

따라서 골드파브의 '작은 정치'에 대한 옹호는 탄핵 이후의 한국과 서구 선진국 상황에서도 유효하다. 민주적 절차로 자유롭게 위정자와 정권을 교체할 수 있음에도 여전히 소수자 혐오와 국수주의가 팽배하는 현대 사회에서 골드파브의 이야기는 경청할 만하다. 특히 골드파브는 소위 '인터넷 행동주의'가 갖는 창의성에 관심을 갖는다. 그는 아렌트의 말을 빌려 이 창의성의 핵심에 '기쁨과 희열'이 있다고 주장한다. 사실 아렌트는 정치에 대한 논의에서 정서적인 측면을 깊이 다루지 않았다. 아렌트는 시민적 정치의 핵심에는 '사유 능력'이 자리한다고 강조하는데, 이러한 입장은 감정보다는 이성을 강조하는 정치 철학의 전통을 계승한다. 아렌트가 지나가면서 흘린 말인 것 같은 '활력', '기쁨', '희열'이라는 키워드를 온라인 정치의 특징으로 전유하는 골드파브의 주장은 좀 더 면밀히 살펴볼 필요가 있다. 한편으로 다수의 연구들이 인터넷 행동주의의 핵심을 놀이로 파악하지만 이는 좌파나 우파에 공히 해당되는 특징이라고 할 수 있다. 이를테면 '일베'나 극우 논객들이 활동하는 팟캐스팅이나 유튜브 콘텐츠들에서도 유희적 요소는 매우 강력하다.

골드파브는 따라서 "좀 더 평등적이고, 덜 위계적이며, 좀 더 심의적"인 상호작용에 관심을 기울인다. 좌파적이건 우파적이건 불평등과 위계가 지배하고 숙의적 과정이 결여된 상호작용은 또 하나의 작은 패거리가 될 뿐이다. 나는 이러한 작은 패거리가 문학과 예술에 대한 열정으로 묶인 결사에서도 발견됨을 목도한 바 있다. 이 작은 패거리들의 우두머리는 문학과 예술에 대한 '순수한' 열정을 하나의 교조처럼 고취하고 주입하면서 일상 속에서 전제정치를 확산시킨다. 골드파브는 그런 의미에서 작은 것이 아름답다고 말하지 않는다. "작은 것은 위험하다." 저항 정치의 측면에서도 그렇고 전제 정치의 측면에서도 그렇다. 우리네 일상생활의 작은 것들은 어떤 가능성 쪽으로 향하는가? 시를 읽고 연극을 관람하고 인터넷을 사용할 때, 우리는 그것들을 어떤 관계의 미디어로 활용하는가? 작은 것은 절대로 작은 것에 머물지 않는다.

다시, 예술

우리가 사는 세계 안에 짓는
또 다른 세계

『젊은 소설가의 고백』

움베르토 에코 지음, 박혜원 옮김,
레드박스, 2011

'팔방미인'이라는 표현이 움베르토 에코(1932~2016)만큼이나
잘 어울리는 동시대 지식인도 드물 테다. 이탈리아어 말고도
일곱 개 외국어를 구사하는 것으로 유명한 에코는 남다른 지
식의 폭과 깊이 때문에 전형적인 '르네상스형 인간'으로 꼽힌
다. 그는 언어학자, 기호학자이자 철학자, 미학자, 중세사 전
문가이며, 명칼럼니스트인 데다 베스트셀러 작가이기도 하
다. 첫 소설인 『장미의 이름』은 전 세계적으로 3천만 부 이상
팔린 것으로 알려져 있다. 국내에 번역, 출간된 그의 저작만
해도 소설, 동화, 편저서 등까지 모두 포함하면 40여 권에 달
한다. 게다가 『미의 역사』, 『추의 역사』, 『궁극의 리스트』와

같은 앤솔러지라든지 『중세』, 『경이로운 철학의 역사』 시리즈 같은 몇몇 편저서는 가히 백과사전급의 내용과 부피를 자랑한다.

에코의 세계를 이루는 이 엄청난 텍스트의 더미 속에서 『젊은 소설가의 고백』이 특별히 눈길을 끄는 이유는 그것이 걸작이거나 대표작이어서가 아니라, 뭔가 잉여적이면서도 복합적인 소품이기 때문이다. 에코 말년에 쓰인 이 책은 그가 2008년 에모리대학 — 번역자는 이를 하버드대학교라고 잘못 적어놓았다 — 에서 가진 네 차례의 문학 관련 강연을 바탕으로 하고 있다. 그러다 보니 책을 이루는 네 개의 장은 서로 긴밀하게 연결되어 있다기보다는 다소 느슨하게 이런저런 주제를 다루는데, 소설 창작에 대한 관점과 방법, 저자·텍스트·해석자 사이의 관계, 허구적 등장인물이 가지는 특성과 힘, 서양사에서 목록의 기호학 등이 그것이다. 그 안에는 이론가, 비평가이자 창작자이기도 한 에코의 문학예술에 대한 시각과 취향이 선명하면서도 유머러스하게 드러나 있다.

제목에서부터 이 책은 독자에게 미소를 머금게 만드는 일종의 패러디와 아이러니를 실어나른다. 강연 당시 일흔일곱의 나이였던 에코는 조이스의 『젊은 예술가의 초상』이나 릴케의 『젊은 시인에게 보내는 편지』를 환기하는 제목으로, 자신이 소설가로서는 데뷔한 지 28년밖에 안 되는 젊은이이며, "지금까지 다섯 편의 소설을 출판했고 앞으로도 50년 동안 훨씬 더 많은 책을 써내려갈 사람"이라고 힘주어 말한다. (안타깝게도 그는 8년 뒤에 타계함으로써 약속을 지키지 못했다.) 그렇다면 이 전도유망한 '젊은 소설가'에게 창작 활동은 무엇이며 어떤 의미를 지니는 것일까?

　일반적으로 언론인이 학자에게 강한 경쟁심과 열등감을 느낀다면, 학자는 예술가에 대해 유사한 감정을 갖는 경향이 있다. 그리하여 예컨대 어떤 사회과학자들은 자신의 연구가 언제나 창작보다는 못할 수밖에 없다는 데 괴로워하고, 소설가의 혜안과 감성을 부러워하며, 마침내 '예술적 전환'을 감행하기도 한다. 그러한 노력 끝에 역설적이지만 '실패한 소설가' 혹은 'B급 사회과학자'에 머물고 마는 이도 더러 생겨난다. 한데 에코는 상식을 뒤엎으며 이렇게 묻는다. "나쁜 시인은 창조적인 작가인 반면, 훌륭한 과학자들은 그렇지 않은 이유가 도대체 뭐란 말인가?" 갈릴레오는 이탈리아의 고교 교과서에 실릴 만한 명문으로 과학서를 썼으며, 행성들의 운동을 수학적으로 정교화한 케플러는 웬만한 소설가들 이상으로 창조적이었다. 뛰어난 학자는 훌륭한 시인 못지않은 문장과 창의성을 보여준다. 그러니 호메로스는 창조적인데, 플라톤은 그렇지 않다고 말할 수는 없는 것이다.

　에코에 따르면, 학문적 글쓰기와 이른바 '창조적(혹은 예술적) 글쓰기'의 진정한 차이는 장르, 사회적 기능, 번역 가능성이나 허구적 속성 여부 등에 있지 않다. 그 차이는 학문적 글쓰기가 대체로 특정한 이론을 입증하거나 구체적인 문제에 해답을 주고자 하는 데 반해, 창조적 글쓰기는 모순 가득한 삶을 대변하면서 독자에게 답을 찾아보도록 주문한다는 데 있다. 학술서의 저자는 독자의 오독이나 억지 해석에 적극적으로 대응하고 반박할 수 있지만, 시나 소설의 저자는 해석에 반론하지 않으며, 또 그렇게 하면 안 된다는 윤리적 의무감까지 느끼는 이유는 그 때문이다. 학문적 글쓰기와 달리, 창조적 글쓰기는 어떤 질문에 하나의 명확한 결론을 내놓기보다는, 다양한 가설을 탐색하면서 답을 열어놓는다. 물론 연구자들도 창조적 글쓰기에 대한 욕망을 가질 수 있다. 에코는 자신의 경우, 이론서나 학술서도 "일종의 추리소설, 즉 어떤 종류의 성배를 찾는 탐구보고서처럼" 쓰는 식으로 그 은밀한 열정을 충족시켰다고 고백한다. 이런저런 가설을 세우고 폐기한 뒤에 남은 단 한 가지 결론만을 제시하기보다는, 시행착오의 내용을 서사로 풀어내는 스타일을 추구했다는 뜻이다.

그럼에도 그는 어느 순간 "소설을 쓰고 싶다는 충동"을 느꼈고, 그렇게 아마추어 소설가로 입문했다. 소설가가 되고 난 뒤, 그가 실감했던 것은 "'영감'이란 약삭빠른 작가들이 예술적으로 추앙받기 위해 하는 나쁜 말"이라는 교훈이다. 에코는 프랑스의 낭만파 시인 라마르틴의 사례를 든다. 라마르틴은 종종 자신의 대표작 중 하나가 숲속을 산책할 때 완성된 형태로 섬광처럼 떠올랐다고 말했지만, 그의 사후에 사람들은 문제의 시를 몇 해에 걸쳐 수없이 고쳐 쓴 흔적을 서재에서 발견했다. 마찬가지로 에코는 아주 간단한 이미지나 아이디어에서 출발한 자기 소설들이 방대한 자료 조사와 수집, 엄청난 공부와 집필 노동을 거친 후에야 완성되었다고 토로한다. 『푸코의 진자』는 8년, 『전날의 섬』과 『바우돌리노』는 6년이나 걸린 집필 기간이 『장미의 이름』은 2년밖에 걸리지 않았다면,

그것은 단지 중세에 대해 그가 이미 박사 논문에서부터 이후로도 오랫동안 연구를 축적해온 덕분이었다.

한편 에코는 창작 과정에서 자신이 충실하려 애쓰는 것은 스스로 세계의 창조자가 되어야 한다는 원칙이라고 말한다. 서사는 "다른 무엇보다 우주가 탄생하는 사건"이기 때문이다. 작가가 창조하는 세계 속에서 모든 사건이 일어나고 음률과 문체는 물론 단어의 선택까지도 그것에 뒤따르기에, 이 세계는 지리적 위치, 건물의 배치, 인물의 초상, 내부 공간과 이동 시간까지도 최대한 그럴듯하고 정교하게 구축되어야 한다. 나아가 에코는 글쓰기가 독백이 아니라 대화라는 점을 강조한다. 자기만을 위한 글은, 에코식 유머를 그대로 빌려오자면, 뭘 사야 할지 적어놓고 다 사고 나면 던져버리는 쇼핑목록 말고는 없다. 그 외의 모든 글은, 심지어 세탁물 목록조차도, 다른 사람과 소통하기 위한 메시지인 것이다.

이러한 맥락에서 에코는 자기가 소설들에서 주로 사용하는 기법 몇 가지를 소개한다. 기존의 유명한 작품들을 직접 인용하거나 참조하는 상호텍스트적 아이러니라든지, 작가가 독자에게 직접 말을 걸 때 텍스트가 그 자체에 부여하는 반영적 성격을 가리키는 메타서사가 그것이다. 이 두 가지를 동시에 활용하는 이중코드 기법도 있다. 이를테면, 『장미의 이름』은 소설 속 화자가 오래전에 손에 넣은 중세 시대의 수고를 독자에게 전하는 식으로 구성된다. 에코는 서구 역사와 문학 전통에 소구하는 이러한 장치에 힘입어 상호텍스트적 아이러니와 메타서사를 함께 끌어들이며, 일반 독자들에게는 추리소설의 흥미를, 지식인 독자들에게는 철학적 · 기호학적 해독을 자극한다.

서사로 하나의 독자적인 세계를 창조한다는 에코의 창작관이 그의 문학 이론과도 밀접하게 엮여 있다는 점은 주목할 만하다. 그는 이미 1960년대 초부터 『열린 예술작품』과 같은 이론서를 통해 '열린 읽기'를 지지하고 해석자의 능동성을 강조하는 입장을 취한 바 있다. 그런데 이후 해체주의와 포스트모더니즘을 거치며 해석자의 권리와 자유가 지나치게 중시되는 경향이 나타나자, 그는 1990년대 초에 발간한 『해석의 한계』, 『작가와 텍스트 사이』 등에서 당시의 지적 유행에 대해 비판적인 의견을 표명한다. 과장된 수사와 관념의 유희를 경계하면서 늘 합리주의자로 자신을 위치 짓고자 했던 에코의 진면목이 드러나는 대목이다.

그의 주장은 명확하면서도 단호하다. "텍스트에 대한 해석이 잠재적으로 무한할 수 있다는 말은 해석에 대상이 없다는, 즉 해석할 때 중점을 둘 것(사실이건 텍스트이건)이 존재하지 않는다는 뜻이 아니다. 텍스트가 잠재적으로 열려 있다는 말은 해석 행위 하나하나가 모두 유의미할 수 있다는 뜻이 아니다." 언어 체계가 무한히 열려 있다고 해도 텍스트는 그 체계의 가능성을 조작하고 축소한 결과물이며, 따라서 언어 체계만큼 열려 있지 않다. 이러한 관점에서 에코는 '작가의 의도', '독자의 의도'와 구분되는 '텍스트의 의도'를 개념화하고, 이 세 축의 상호작용 속에서 의미의 생산과 소통 과정을 파악한다. 하나의 총체로서 텍스트가 지니는 내적 일관성과 (독자 집단의 언어 능력, 문화적 전통, 이전 텍스트들에 대한 해석의 역사 등에 바탕을 두는) 기호학적 전략은 제멋대로 읽고 해석하려는 독자의 충동을 제어하고 '텍스트의 의도'에 대한 추측을 가능하게 해 준다. 그러므로 우리는 어떤 해석이 잘된 해석인지, 두 가지 해석 가운데 어떤 것이 더 나은지를 따지기는 어려울지라도, 최소한 잘못된 해석, 억지스러운 해석은 가려낼 수 있다는 것이다. 한마디로, "쉽게 해석하기 힘든 저자의 의도와 논란의 소지를 지니는 독자의 의도 사이에는 텍스트가 가지는 명징한 의도가 있다. 이것이 잘못된 해석을 논박한다."

　에코는 텍스트만이 아니라 허구적 등장인물의 고유한 존재 양식에 대해서도 설득력 있게 논증한다. 모든 표현은 하나의 대상에 상응하지만, 그 대상이 반드시 실존할 필요는 없다. 그러니까 물리적으로 존재하지 않는, '정신 의존적 대상' 또한 있다는 것이다. 안나 카레니나라든지 셜록 홈스, 또는 빨간 망토 소녀가 그렇다. 이들은 "현실 세계에 물질적 등가물이 존재하지 않는 속성들의 집합체"이다. 이들은 작가가 설계한 가능 세계 안에서 살고, 사실과 거짓에 대한 판단은 그 세계와의 관계 아래 이루어진다. 예컨대, 안나 카레니나가 귀족 부인이라는 말은 사실이며, 타살당했다는 말은 거짓이다. 허구적 등장인물의 정체성은 텍스트의 서사에 의해 엄격히 제한받기에, 무한정 다면적일 수 있는 실존 인물에 비해 훨씬 명확하고 견고하다.

　에코에 따르면, 텍스트는 가능 세계 속에서 무엇이 참이고 무엇이 거짓인지, 또 무엇이 의미 있고 무엇은 무시해도 좋은지를 보여준다. 이처럼 텍스트상 정보에 근거해 내리는 모든 판단은 '언어적 진리'이지, 과학적 사실과 같은 '실질적 진리'가 아니다. 실질적 진리 주장은 외적이고 경험적인 정당성을 필요로 하지만, 언어적 진리 주장은 내적이고 텍스트적인 정당성을 갖추면 족하다. 홈스가 베이커가에 살며 왓슨을 조수로 두었다는 사실은 텍스트의 서사에 비추어 참이라고 인정받을 수 있는 것이다. 그런데 간혹 어떤 등장인물들은 원작 밖으로 뛰쳐나와 독립적인 존재감을 확보하기도 하고, 여러 텍스트를 옮겨 다니고 살면서 더 큰 명성을 얻기도 한다. 이는 우리가 오랜 시간 그들에게 감정을 투사하고 상상력을 발휘해 그들을 '변이적 개체'로 전환시켰기 때문이다.

물론 우리는 그들이 원작 바깥의 다른 문맥과 상황에 있더라도 몇 가지 결정적 특성 ─ 예를 들어, '빨간 망토'와 '어린 여자아이' ─ 을 통해 그들을 알아볼 수 있다. 우리는 또 서사의 독자로서 허구적인 가능 세계를 진지하게 받아들이는 척 행동하고, 때로는 그 세계에 온통 마음을 빼앗겨 그것이 우리가 사는 현실과 아무런 관계도 없다는 점을 망각한다. 이렇게 감정적인 몰입이 일어나면 스스로 허구적 등장인물 중 한 명과 동일시하게 되는 일도 생겨난다. 한편 작품 속 허구적 등장인물들은 특정한 속성을 가지고 특정한 방식으로 행동한다는 사실에서는 결코 변화하는 법이 없는데, 에코에 의하면 이는 윤리적 관점에서 그들이 우리에게 중요한 이유이기도 하다. 즉 그들은 불완전한 가능 세계 속에서 자신을 기다리는 운명을 알지 못하고, 그것을 아는 우리와 소통하지도 못한 채 이미 정해진 운명을 영원히 겪는다. 어떻든 안나는 결국 기차에 뛰어들어 자살할 수밖에 없는 것이다. 이처럼 허구적 등장인 물들은 우리가 사는 현실 세계 역시 허구의 세계만큼이나 불완전하지는 않은지, 우리 역시 피할 수 없는 운명에 끊임없이 대면하고 있지는 않은지 되묻게 만들면서 일종의 '윤리적 본보기'로 자리 잡는다.

『젊은 소설가의 고백』은 예술이 우리가 사는 세계 안에 또 다른 세계를 짓는 일이라는 주장을 매력적으로 펼쳐 보인다. 작가는 하나의 작은 세계를 창조하는 사람이다. 이 새로운 가능 세계는 작가나 독자와는 별개의 고유한 존재와 의미와 영향력을 가진다. 그 속의 허구적 인물들 또한 마찬가지다. 그리하여 창작은 현실 세계를 더욱 풍요롭게 변화시킨다. 에코는 소설가로서의 개인적 경험과 기호학자로서의 학문적 논리를 솜씨 좋게 직조하면서, 텍스트의 자율성과 잠재력을 예찬한다. 마지막 장에서 에코는 내내 즐거운 어조로 자신이 좋아하는 각종 목록을 끝없이 열거하는데, 이는 그가 심지어 이론서에서조차 언제나 밝고 유쾌하고 능청맞은 저자였다는 점을 새삼 일깨운다. 에코의 책들은 여름 햇살이 내리쬐는 이탈리아의 시골 마을을 닮아 있다. 그 얄미우리만치 눈부신 풍경은, 그렇다고 거부하기엔, 너무도 매혹적이다.

여럿이 함께 꾸는 꿈, 예술

『무엇이 예술인가』

아서 단토 지음, 김한영 옮김, 은행나무, 2015

"언젠가 이미지 그 자체와 그것이 달고 있는 이름이 함께, 기다란 계열선을 따라 무한히 이동하는 상사성similitude에 의해, 탈동일화되는 날이 올 것이다. 캠벨, 캠벨, 캠벨, 캠벨." 푸코는 마그리트가 서양 미술의 고전적 재현 체계를 어떻게 벗어났는지 재기 넘치게 분석한 텍스트『이것은 파이프가 아니다』의 끝을 이렇게 맺었다. 앤디 워홀의 〈캠벨 수프 캔〉(1962)을 염두에 둔 이 마지막 문장은 푸코가 만일 동시대 미술에 대한 글을 계속 썼더라면, 그 중심에는 아마도 예술에 새로운 시뮬라크르의 체제를 도입한 워홀에 관한 성찰이 자리했으리라는 짐작을 하게 만든다. 아쉽게도 푸코는 그러한 저작을 남기지 않았다. 하지만 대서양 반대편에서는 푸코와 비슷한 또래의 철학자가 워홀의 또 다른 작품을 실마리로 예술의 존재론을 곱씹고 있었다. 아서 단토(1924~2013)가 바로 그 사람이다.

　단토는 20세기 후반 예술철학에서 결코 빼놓을 수 없는 인물이다. 여러 책에서 그는 자신이 1964년 뉴욕 스테이블 갤러리에 전시된 워홀의 〈브릴로 상자〉(1964)를 보고 얼마나 큰 충격을 받았는지 술회한 바 있다. P&G의 브릴로는 당시 미국에서 가장 대중적인 수세미 상표였다. 이 수세미를 대량 포장하는 용도의 브릴로 상자는 2세대 추상표현주의 화가 제임스 하비가 디자인한 골판지 제품이었다. 워홀은 목공소에 흰색 합판 상자를 주문 제작한 뒤, 자신의 작업실 팩토리에서 원래 상자의 상표와 디자인을 스텐실로 똑같이 복제한 작품을 만들었다. 워홀의 작품 앞에서 단토가 제기한 질문은 이런 것이었다. 왜 이 동일한 외양의 상자들 가운데 진짜 브릴로 상자는 예술작품이 아닌 데 반해, 워홀의 상자는 예술작품인가? 어떤 차이가 예술과 예술 아닌 것을 가르는가? 단토는 워홀이 기존의 예술적 표현 양식을 혁신했다는 주장에서 한층 더 나아가 이렇게 자문한다. 무엇이 예술을 예술이게 하는가? 예술의 존재론적 본질은 과연 무엇인가? 브릴로 상자는 단토에게 평생의 철학적 화두가 되었고, 그의 표현대로라면, 예술의 언어와 현실의 언어를 더불어 살필 수 있게 해주는 '일종의 로제타석'이 되었다.

　『무엇이 예술인가』는 단토가 생전에 펴낸 마지막 저서이자, 예술의 본질에 대한 반세기에 걸친 성찰의 결과를 담고 있는 책이다. 그의 저작은 30여 권에 달하는데, 이 중에『일상적인 것의 변용』,『예술의 종말 이후』,『미를 욕보이다』,『철학하는 예술』등이 이미 우리말로 나와 있다.『무엇이 예술인가』는 단토의 다른 번역서들에 비해 좀 더 읽기 쉬우면서도, 예술의 정의에 대한 그의 사유를 종합적으로 정리해 알려준다는 장점을 지닌다. 이 책은 시스티나 성당 천장화의 복원이라든지, 철학과 예술에서의 몸, 그림과 사진의 비교, 칸트의『판단력 비판』같은 다양한 주제를 다루는 여섯 개의 장으로 이루어져 있다. 각 장의 페이지 곳곳에서는 해박한 예술사적 지식을 바탕으로 예술의 핵심을 재정의하려는 단토의 노력이 잘 묻어난다. 이 가운데 특히 단토가 온전히 책을 위해 썼다는 1장은 그의 오랜 성찰이 도달한 지점에서 펼쳐지는 예술 개념을 미학과 예술사의 파노라마처럼 보여준다.

　　사실 〈브릴로 상자〉가 나온 해에 출간한 논문「예술계 The Artworld」에서 이미 단토는 워홀의 작품과 슈퍼마켓의 브릴로 상자 사이의 차이에 대한 철학적 해명을 시도한 바 있다. 그에 따르면, 우리가 어떤 대상을 예술작품으로 이해하기 위해서는 눈에는 보이지 않는 그 무엇, 즉 예술이론의 공기an atmosphere of art theory, 예술사에 대한 지식, 혹은 문화적 맥락으로서의 이른바 '예술계'가 필요하다. 워홀의 상자는 모종의 이론에 따라 예술계로 들어왔고, 이 이론은 그것이 다시 일상적 물건으로 전락하지 않게 해준다. 50년 전만 하더라도 브릴로 상자는 작품으로 여겨지지 않았을 것이다. 이론 없이는 사람들이 그것을 예술로 보지 않기 때문이다. 바꿔 말해, 그것을 예술계의 일부로 받아들이려면 우리는 최근 뉴욕의 미술사와 예술이론에 상당한 정도로 통달해 있지 않으면 안 된다. 마찬가지 논리에서, 라스코 벽화를 그린 사람은 자신이 '예술'을 생산하고 있다는 인식은 조금도 갖고 있지 않았을 것이다. 그리하여 단토는 다음과 같이 주장한다. "예술계, 그리고 예술을 가능하게 하는 것은 언제나 그랬듯이 현재에도 예술이론들의 역할이다." 예술의 정의에 대한 논쟁을 촉발시킨 이 유명한 논문 이후에도 〈브릴로 상자〉를 이렇게 저렇게 고민하며 계속 진화해간 단토의 예술철학은 묘한 양면성을 띠는 것처럼 보인다. 그는 예술의 정의를 어떤 "미학적·형식적 특징"이 아니라, 예술계에서 이루어지는 "사회적 합의"의 문제로 규정함으로써 예술에 대한 제도적 접근의 초석을 놓는 한편, 그러한 예술계를 (예컨대, 미학자 조지 디키나 사회학자 하워드 베커와 달리) '인적·제도적 네트워크'보다는 '이론'의 차원에서 규정함으로써 예술에 대한 본질주의적 접근의 가능성 또한 열어놓는다. 『무엇이 예술인가』에서 단토는 자신이 50년 동안 따라간 좁은 길이 어디로 나 있었는지 친절하게 설명해준다.

단토의 이야기를 좀 더 자세히 뒤쫓아가 보자. 고대 그리스 이래 서양에서 예술의 본질은 대체로 모방(미메시스)으로 정의되었다. 르네상스와 더불어 심미적 가치가 예술의 핵심에 포함되었고, 18세기에 미학이 등장한 이후로 심미적 가치를 다룬 여러 철학자는 예술의 본령이 쾌의 제공에 있다고 주장했다. 그리하여 예술이 심미적인 쾌를 주는 대상(사람, 사물, 장면 등)을 모사해 관람자의 눈앞에 제시해야 한다는 관념이 오랫동안 확고하게 성립했다. 그런데 단토가 보기에, 이러한 예술관은 20세기에 추상주의와 레디메이드의 도래와 함께 점차 무력해져 갔다. 팝아트, 미니멀리즘, 개념미술 등의 이름 아래 과거의 어떤 것과도 다른 작품들이 출현하면서, 예술에 대한 기존의 정의가 붕괴한 것이다. 심미적 가치는 더 이상 이 세상에 현존하는 대부분 예술 작품의 핵심이 아니다.

이는 물론 심미적 가치가 철학적으로 중요하지 않다거나, 심미적 가치를 추구하는 예술이 없다거나, 미학이 예술에서 아무런 역할을 하지 않는다는 말은 아니다. 다만 분명한 것은 이제 심미적 가치가 예술을 규정하는 기준의 일부를 담당하지 않는다는 사실이다. 이와 관련해 심미적 기준을 배제하고 예술작품을 만든 뒤샹의 기여는 결정적이다. 단토는 "어떤 것이 아름답지 않아도 예술일 수 있다는 생각은 20세기의 위대한 철학적 성과 중 하나"라고 지적한다. 그가 1960년대 이래 다양한 형태로 분출한 새로운 예술을 옹호하면서 논쟁적으로 '예술의 종말'을 선언한 것도 이러한 맥락에서다. 그에 의하면, 모방이론으로 대표되는 서양 예술의 역사는 종말을 고했고, 전통적 미학의 온갖 제약으로부터 해방된 동시대 예술은 '역사 이후'를 맞이했다. 예술과 현실은 구별되지 않으며, 무엇이든 예술이 될 수 있게 된 것이다. "뒤샹과 워홀이 떠났을 때 예술 개념은 완전히 변해 있었다. 우리는 여러 면을 고려할 때 예술사의 두 번째 단계라 볼 수 있는 영토에 진입해 있었다."

단토는 이러한 상황에서 '과연 무엇이 예술과 예술 아닌 것을 구분하는가'라는 질문에 예술철학자들이 어떻게 대응했는지 논의하며 자기 입장을 위치 짓는다. 그에 따르면, 예컨대, 모리스 와이츠는 '예술은 정의할 수 없다'고 주장하며 반본질주의로 나아간다. 와이츠는 예술의 본질 문제가 비트겐슈타인이 말한 게임의 본질 문제와 비슷하다고 보았다. 우리는 어떤 활동이 게임인지 쉽게 말할 수 있고, 실제로 그것을 하는 데도 별다른 곤란을 느끼지 않는다. 하지만 술래잡기, 포커, 끝말잇기, 수건돌리기, 레고 쌓기, 공놀이 등에 무슨 공통점이 있는지 밝히는 일은 매우 어렵다. 사실 게임은 정의의 기초가 되는 원초적 특성이 존재하지 않는 개념이며, 정의가 없더라도 우리에게 아무 문제가 없으므로 정의 자체가 쓸모없는 개념이다. 실제의 게임들은, 비트겐슈타인의 유명한 개념을 빌려오자면, 그저 가족 유사성family resemblance을 가질 따름이다. 아버지는 할아버지의 눈을 닮고, 아들은 아버지의 코를 닮고, 아버지는 삼촌과 입이 닮았지만, 이들은 제각각 서로 다른 사람들이다. 와이츠에 의하면, 예술작품들 앞에서 우리가 볼 수 있는 것은 어떤 본질이나 공통점이 아니라, 오직 유사성의 경향뿐이다.

한편 예술제도론을 제출한 조지 디키는 '무엇이 예술인가'에 대한 판정이 예술계에 달린 문제라고 주장한다. 예술계는 예술가, 평론가, 수집가, 큐레이터, 예술학교, 미술관 등 예술 종사자와 관련 기관들로 이루어진 사회적 관계망을 가리킨다. 디키에 따르면, 예술계가 어떤 대상을 예술작품으로 공인할 때, 그것은 예술작품이 된다. 단토는 디키의 예술제도론이 예술을 열린 개념으로 취급하는 와이츠보다 더 설득력 있다고 보지만, 디키의 주장에도 한계가 명백하다고 지적한다. 판정을 위해서는 여전히 무언가 이유가 필요하기 때문이다. 누군가 예술계의 일원이라고 해서 그 판단이 자동적으로 정당화되는 것은 아니다. 어떤 대상이 예술작품이 되려면, 그것이 왜 그럴 수 있는지를 뒷받침하는 근거가 있어야 한다. 예술제도 내에서의 판정과 승인은 예술작품의 구분에 중요하지만, 그러한 메커니즘이 작동하기 위해서도 무엇이 예술인지에 대한 정의가 요구되는 것이다.

단토는 다양한 예술작품에 가시적이지는 않더라도 비가시적인 공통점은 있으며, 그것이 바로 예술의 본질이라고 주장한다. 그러한 본질을 그는 크게 두 가지로 정리한다. 첫째, 예술작품은 무언가에 '관한 것'이며, 그러므로 의미를 지닌다는 것이다. 워홀의 브릴로 상자는 소비문화에 관한 것이기에 팝아트의 작품이라고 할 수 있지만, 슈퍼마켓의 브릴로 상자는 그 자체로 소비문화의 일부일 따름이지 소비문화에 관한 것은 아니기에 예술작품일 수 없다. 이 '관한 것'이라는 특성은 지각만으로는 식별이 불가능하며, 그 결과 해석을 요청한다. 달리 말하면, 예술의 핵심은 감각이 아닌 의미에 있고, 어떤 대상은 오직 해석 아래서만 예술작품이 된다. 둘째, 예술작품이 담고 있는 의미는 물질성 속에서 나타난다는 것이다. 즉 예술작품은 구현된 의미a meaning given embodiment라 할 수 있다. 단토의 표현을 그대로 옮기자면, "어떤 것이 예술작품일 때, 그것은 의미를 지니고 있으며(즉 다른 무언가에 관한 것이고), 이 의미는 대개 예술작품을 물질적으로 구성하는 오브제 속에 구현되어 있다." 그런데 예술작품이라는 대상의 어떤 특성들은 의미와 관련 있고, 어떤 것들은 그렇지 않다. 관람자가 해야 할 일은 의미를 지닌 특성들을 파악하고 해석하는 것이다. 이처럼 비평은 구현의 양식mode of embodiment을 다루는 작업이 된다.

5장에서 단토는 사실 칸트가 자신과 유사한 예술관을 피력했다고 주장한다. 『판단력 비판』에서 칸트는 '미적 취미' 말고도 '정신'이라는 개념을 다루는데, 예술에서 진정으로 중요한 것은 단지 '좋은 취미'가 아니라, '생기를 불어넣는 마음의 원리'이자 '미적 이념을 주는 능력'이 있는 정신이라고 논한 바 있다. 그런데 감각을 통해 얻어지는 이 미적 이념은 단토가 말하는 '구현된 의미'와도 궤를 같이 한다는 것이다. 한편 1장에서 단토는 예술의 본질이 '의미'와 '구현'에 있다는 자신의 평생에 걸친 성찰에 또 하나의 조건을 추가한다. 그것은 바로 '꿈 같음'이다. 달리 말하면, 예술은 '깨어 있는 꿈'이다. 단토가 보기에, 예술가의 기술과 관련이 있는 이 명제는 예술의 보편성을 설명해준다. 모든 곳에 있는 모든 사람이 경험하는 꿈은 예술처럼 자기 세계 안의 사물들의 외양을 취한다. 더욱이 예술이라는 백일몽은 잠들지 않아도 볼 수 있으며, 혼자만 꾸지 않고 여럿이 공유할 수 있다. "예술은 실제일 필요가 없으며, 실제일 가능성이 있으면 충분하다. 예술과 꿈의 관계에는 강력한 어떤 것이 있다." 단토는 플라톤과 데카르트의 논의를 들어 자신의 이러한 주장을 철학적으로 뒷받침한다.

『무엇이 예술인가』의 6장 마지막 부분에서 단토는 "동시대 미술의 대부분은 전혀 심미적이지 않고 그 대신 의미의 힘과 진리의 가능성을 갖고 있으며, 그 힘과 가능성을 가동시키는 해석에 의존한다"고 말한다. 한때 판화가로서의 경력을 쌓기도 했던 그가 25년 동안《네이션The Nation》지의 미술평론가로 활동하면서 한 일은 어떤 작품이 무엇에 관한 것인지 논하고, 그러한 의미를 독자들에게 설명하는 일이 얼마나 가치 있는지 이야기하는 것이었다. 그는 이렇게 예술에 대한 존재론적 성찰과 비평적 실천을 합치시키며, 할 수 있는 만큼 최대한 나아간 셈이다. 반세기 동안 브릴로 상자가 던진 한 가지 화두를 붙잡고 씨름한 철학자의 삶과 글은 인간 정신이 어떤 식으로 진보하는지 가르쳐주는 명징한 사례인 것처럼 보인다.

*

책 속 23편의 글 중 22편은 《기획회의》에 "어메이징 예술책장"이라는 연재와 《출판문화》에 "꼬리를 무는 예술책들"이라는 연재로 발표했던 글들을 일부 보완하여 제목을 고쳐 실었다. 그 외 1편은 「사라진 장소에 심는 '유토피아의 조각들'」 (『비장소』)로, 2017년 10월 26일 《교수신문》에 「비판적 공간문화 연구를 위한 사유의 연장통」이라는 제목으로 발표했던 글이다. 각 저자의 글은 다음과 같다.

심 보 선

나의 고독은 당신의 고독을 알아본다
『자코메티의 아틀리에』
고전주의자이자 동시대주의자인 두 사람의 대화
『평행과 역설』
어느 인류학자의 예술을 향한 애증
『레비스트로스의 말』
예술가의 전문성은 학습될 수 있을까
『성찰하는 티칭아티스트』
교육은 본질적으로 예술적이다
『무지한 스승』
컨베이어벨트 위로 이동하는 전시 관람객
『공공도서관 문 앞의 야만인들』
우리가 몰랐던 시의 정치
『시인을 체포하라』
문화 정치의 꿈과 절망
『문화는 정치다』
진지하면서도 유쾌하게, 고상하면서도 자유롭게
『호모 루덴스』
당신이 오지 않는다면
『작은 것들의 정치』

이 상 길

참 고 도 서

예 술

『미술관에 가면 머리가 하얘지는 사람들을 위한 동시대 미술 안내서』,
그레이슨 페리 지음, 정지인 옮김, 원더박스, 2019.
『상징권력과 문화: 부르디외의 이론과 비평』,
이상길 지음, 컬처룩, 2020.
『걸작의 뒷모습』,
세라 손튼 지음, 이대형·배수희 옮김, 세미콜론, 2011.
Club Cultures: Music, Media, and Subcultural Capital,
Sarah Thornton, Wesleyan University Press, 1996.
『주홍색 연구』,
아서 코난 도일 지음, 김석희 옮김, 비룡소, 2013.
『강연과 논문』,
마르틴 하이데거 지음, 신상희·이기상·박찬국 옮김, 이학사, 2008.
『마쓰모토 세이초 걸작 단편 컬렉션(상)』,
마쓰모토 세이초 지음, 미야베 미유키 엮음, 이규원 옮김, 북스피어, 2009.
『예술가로 산다는 것』,
마쓰모토 세이초 지음, 이규원 옮김, 북스피어, 2016.

대 화

『자코메티의 아틀리에』, 장 주네 지음, 윤정임 옮김, 열화당, 2007.
『한국문학사』, 김윤식·김현 지음, 민음사, 1996.
『전체주의의 기원』, 한나 아렌트 지음, 박미애·이진우 옮김, 한길사, 2006.
『평행과 역설』, 에드워드 W. 사이드·다니엘 바렌보임 지음, 노승림 옮김, 마티, 2011.
『오리엔탈리즘』, 에드워드 W. 사이드 지음, 박홍규 옮김, 교보문고, 2015.
『문화와 제국주의』, 에드워드 W. 사이드 지음, 정정호·김성곤 옮김, 창, 2011.
『서동 시집』, 요한 볼프강 폰 괴테 지음, 김용민 옮김, 민음사, 2007.

천재

『모차르트, 사회적 초상』,
노르베르트 엘리아스 지음, 박미애 옮김, 포노, 2018.
『사회학이란 무엇인가』,
노르베르트 엘리아스지음, 최재현 옮김, 나남, 1987.

『반 고흐 효과: 무명 화가에서 문화 아이콘으로』,
나탈리 에니크 지음, 이세진 옮김, 아트북스, 2006.
La Sociologie de Norbert Elias,
Nathalie Heinich, La Découverte, 1997.

애호

『레비스트로스의 말: 원시와 현대 예술에 관한 인터뷰』,
클로드 레비스트로스·조르주 샤르보니에 지음, 류재화 옮김, 마음산책, 2016.
『예술체계이론』,
니클라스 루만 지음, 박여성·이철 옮김, 한길사, 2014.
『야생의 사고』,
클로드 레비스트로스 지음, 안정남 옮김, 한길사, 1999.
『보다 듣다 읽다』,
클로드 레비스트로스 지음, 고봉만·류재화 옮김, 이매진, 2005.

『재즈, 평범한 사람들의 비범한 음악』,
에릭 홉스봄 지음, 황덕호 옮김, 포노, 2014.
『미완의 시대: 에릭 홉스봄 자서전』,
에릭 홉스봄 지음, 이희재 옮김, 민음사, 2007.
『저항과 반역 그리고 재즈』,
에릭 홉스봄 지음, 김동택·김정한·정철수 옮김, 영림카디널, 2003.

교 육

『성찰하는 티칭아티스트: 연극예술교육에서의 집단 지혜』,
캐스린 도슨·대니얼 A. 켈린 지음, 김병주 옮김, 한울아카데미, 2017.

『페다고지』,
파울루 프레이리 지음, 남경태 옮김, 그린비, 2018.

『무지한 스승』,
자크 랑시에르 지음, 양창렬 옮김, 궁리, 2016

『텔레마코스의 모험』1,2,
프랑수와 드 페늘롱 지음, 최병곤·김중현 옮김, 책세상, 2007.

이 미 지

『마네의 회화』,
미셸 푸코 외 지음, 마리본 세종 엮음, 심세광 외 옮김, 그린비, 2016.

『철학의 무대』,
미셸 푸코·와타나베 모리아키 지음, 오석철 옮김, 기담문고, 2016.

『이것은 파이프가 아니다』,
미셸 푸코 지음, 김현 옮김, 고려대학교출판부, 2010.

『미셸 푸코의 문학 비평』,
김현 엮음, 문학과 지성사, 1989.

Le beau danger- entretien avec Claude Bonnefoy / Michel Foucault :
École des Hautes Études en Sciences Sociales, 2011.

『푸코, 사유와 인간』,
폴 벤느 지음, 이상길 옮김, 산책자, 2009.

Michel Foucault tel que je l'imagine /
Maurice Blanchot : Fata Morgana, 1986.

사 라 짐

『공공도서관 문 앞의 야만인들: 포스트모던 소비자 자본주의는
어떻게 민주주의와 시민교육 그리고 공익을 위협하는가?』,
애드 디 앤절로 지음, 송경진·차미경 옮김, 일월서각, 2011.

『비장소』,
마르크 오제 지음, 이상길·이윤영 옮김, 아카넷, 2017.

『나이 없는 시간: 나이 듦과 자기의 민족지』,
마르크 오제 지음, 정헌목 옮김, 플레이타임, 2019.

『카사블랑카』,
마르크 오제 지음, 이윤영 옮김, 이음, 2019.

정 치

『시인을 체포하라』, 로버트 단턴 지음, 김지혜 옮김, 문학과지성사, 2013.
『고양이 대학살』, 로버트 단턴 지음, 조한욱 옮김, 문학과지성사, 1996.

『문화는 정치다』, 장 미셸 지앙 지음, 목수정 옮김, 동녘, 2011.

벗 어 남

『읽지 않은 책에 대해 말하는 법』,
피에르 바야르 지음, 김병욱 옮김, 여름언덕. 2008.

『누가 로저 애크로이드를 죽였는가』,
피에르 바야르 지음, 김병욱 옮김, 여름언덕, 2009.

『셜록 홈즈가 틀렸다』,
피에르 바야르 지음, 백선희 옮김, 여름언덕, 2010.

『햄릿을 수사한다』,
피에르 바야르 지음, 백선희 옮김, 여름언덕, 2011.

『사회에 대해 말하기』,
하워드 베커 지음, 이성용 외 옮김, 인간사랑, 2016.

Art Worlds,
Howard Becker, University of California Press, 1982.

놀 이

『**호모 루덴스**』,
요한 하위징아 지음, 이종인 옮김, 연암서가, 2018.
『**도스또예프스끼 시학의 제(諸)문제**』,
미하일 바흐찐 지음, 김근식 옮김, 중앙대학교출판부, 2011.

『**작은 것들의 정치**』,
제프리 골드파브 지음, 이충훈 옮김, 후마니타스, 2011.
『**수용소: 정신병 환자와 그 외 재소자들의 사회적 상황에 대한 에세이**』,
어빙 고프먼 지음, 심보선 옮김, 문학과지성사, 2018.

다 시 , 예 술

『**젊은 소설가의 고백**』, 움베르토 에코 지음, 박혜원 옮김, 레드박스, 2011.
『**열린 예술작품**』, 움베르토 에코 지음, 조형준 옮김, 새물결, 2006.
『**해석의 한계**』, 움베르토 에코 지음, 김광현 옮김, 열린책들, 2009.
『**작가와 텍스트 사이**』, 움베르토 에코 지음, 손유택 옮김, 열린책들, 2009.

『**무엇이 예술인가**』, 아서 단토 지음, 김한영 옮김, 은행나무, 2015.
『**일상적인 것의 변용**』, 아서 단토 지음, 김혜련 옮김, 한길사, 2008.
『**예술의 종말 이후**』, 아서 단토 지음, 김광우·이성훈 옮김, 미술문화, 2004.
"The Artworld", Arthur Danto, *The Journal of Philosophy*,
Vol. 61, No. 19, 1964, pp. 571~584.
『**예술사회**』, 조지 디키 지음, 김혜련 옮김, 문학과지성사, 1998.

《인문예술 잡지 F》 1~24호

책장을 번지다, 예술을 읽다

처음 펴낸날 2021년 1월 20일

지은이 심보선·이상길
펴낸이 주일우

편집 이승연
디자인 권소연

펴낸곳 이음   등록번호 제2005-000137호
                등록일자 2005년 6월 27일
                주소 서울시 마포구 월드컵북로 1길 52
                전화 02-3141-6126
                팩스 02-6455-4207
                전자우편 editor@eumbooks.com
                홈페이지 www.eumbooks.com

ISBN 979-11-90944-13-7 03100

값 15,000원

이 도서의 국립중앙도서관 출판예정도서목록(CIP)은 서지정보유통지원 시스템 홈페이지
(http://seoji.nl.go.kr)와 국가자료공동목록시스템(http://www.nl.go.kr/kolisnet)에서
이용하실 수 있습니다.